CAMILA CHAGAS RABELLO
MARIA ISABEL ARAÚJO RODRIGUES

# EFICIÊNCIA E COMBATE À CORRUPÇÃO NAS COMPRAS PÚBLICAS

CAMILA CHAGAS RABELLO
MARIA ISABEL ARAÚJO RODRIGUES

# EFICIÊNCIA E COMBATE À CORRUPÇÃO NAS COMPRAS PÚBLICAS

Del Rey editora
Belo Horizonte
2019

Impresso no Brasil | Printed in Brazil
EDITORIAL DEL REY LTDA

www.editoradelrey.com.br

**Editor:** Arnaldo Oliveira

**Editor Adjunto:** Ricardo A. Malheiros Fiuza

**Diagramação / Capa:** Alfstudio

**Revisão:** Mônica Sette

EDITORA
Rua dos Goitacazes, 71 – Lojas 20 a 24
Centro - Belo Horizonte-MG
CEP 30190-909
Comercial:
Tel.: (31) 3284-3284 | 3293-8233
vendas@editoradelrey.com.br
Editorial:
editorial@editoradelrey.com.br



Rabello, Camila Chagas

R114e Eficiência e combate à corrupção nas compras públicas / Camila Chagas Rabello, Maria Isabel Araújo Rodrigues. – Belo Horizonte: Del Rey, 2019. 146 p. Inclui bibliografia.

ISBN: 978-85-384-0545-0

1. Direito administrativo – Brasil 2. Administração pública
3. Compras (serviço público) 4. Corrupção administrativa – Brasil

I. Rodrigues, Maria Isabel Araújo II. Título

CDU 340.113

Ficha catalográfica elaborada pela bibliotecária Meire Luciane Lorena Queiroz CRB 6/2233.

# PREFÁCIO

A Editora Del Rey nos apresenta interessante obra doutrinária das professoras Camila Chagas Rabello e Maria Isabel Araújo Rodrigues, cujo título é : "Eficiência e combate à corrupção nas compras públicas".

A referida obra tem por objetivo principal fazer uma pormenorizada análise do projeto de lei 6.814/17, que ora tramita na Câmara dos Deputados, já aprovado no Senado Federal. Este projeto, em apreciação, trata do aperfeiçoamento da lei federal de licitações e contratos administrativos.

Todavia, para realizar a avaliação desta proposta, as autoras realizam excelente análise sobre os documentos legislativos vigentes referentes ao assunto, em especial a Lei Federal 8.666/93, e suas principais alterações (a lei que introduziu a modalidade do pregão, a que criou o regime diferenciado de contratações e aquela que trata das licitações nas empresas estatais).

Ademais, como alude o título da obra, as autoras preocupam-se em identificar medidas de combate à corrupção, por meio do aprimoramento legislativo na seara das licitações e contratos administrativos, onde, infelizmente, como acompanhamos pelo noticiário, surgem muitos problemas de desvios de verbas públicas e irregularidades.

Deste modo, temos a oferta de uma obra bastante interessante, que cobre os institutos vigentes e avalia as possibilidades de sua evolução, mercê do projeto em tramitação no Congresso Nacional.

Creio que este livro merece a atenção especial de todos que se dedicam ao tema e que, sobretudo, estão engajados na luta conta a chaga da corrupção no setor público.

ANTONIO AUGUSTO JUNHO ANASTASIA
PROFESSOR DA FACULDADE DE DIREITO DA UFMG
SENADOR DA REPÚBLICA

# NOTA DAS AUTORAS

Tendo em vista o atual cenário brasileiro, marcado pela ineficiência das compras públicas, assim como pela existência de escândalos de corrupção envolvendo o dispêndio de recursos públicos, faz-se fundamental um estudo aprofundado da legislação vigente referente aos procedimentos licitatórios, para que possam ser identificadas deficiências a eliminar.

Assim, partindo da análise da legislação vigente, este livro tem como objetivo identificar de que forma o Projeto de Lei nº 6.814/17 pode contribuir para o aumento da eficiência e combate à corrupção nas compras públicas. Para tal, inicialmente, o histórico das compras públicas no Brasil foi apresentado, assim como o conceito de licitações.

Para o embasamento da análise, os princípios da eficiência e moralidade administrativa foram conceituados e foram identificados critérios objetivos para análise da eficiência e combate à corrupção nos procedimentos licitatórios. Ademais, buscou-se caracterizar o fenômeno da corrupção e apontar os principais gargalos da atual Lei Geral de Licitações (Lei Federal nº 8.666/93). Também foram identificadas e analisadas as tentativas de modernização introduzidas pela Lei do Pregão (Lei Federal nº 10.520/02), pelo Regime Diferenciado de Contratações (Lei 12.462/11) e pela Lei das Estatais (Lei Federal nº 13.303/16).

A análise da legislação realizada no trabalho demostrou que, embora a legislação por si só não seja suficiente para redução da corrupção e aumento da eficiência nos procedimentos licitatórios, caso o PL nº 6.814/17 seja aprovado, os gargalos da Lei Federal nº 8.666/93 serão amenizados.

# LISTA DE ABREVIAURAS E SIGLAS

CF/88 – Constituição da República Federativa do Brasil de 1988

PL – Projeto de Lei

PLS – Projeto de Lei do Senado

RDC – Regime Diferenciado de Contratações

TCU – Tribunal de Contas da União

# SUMÁRIO

# 1 INTRODUÇÃO

As compras públicas são fundamentais para execução das políticas públicas, pois fornecem os insumos para tal. Além disso, proporcionam grande movimentação de recursos na economia e incentivam o desenvolvimento de alguns setores. Historicamente, nota-se no Brasil uma tendência de regulamentação dos processos de aquisição de bens e serviços para que sejam observados os princípios de economicidade, moralidade, impessoalidade, eficiência, legalidade e publicidade.

A Lei Federal nº 8.666 de 1993 regulamentou o art. 37, inciso XXI, da Constituição Federal de 1988 e determinou as normas gerais de licitações e contratos administrativos pertinentes a obras, serviços, alienações e locações. Essa lei foi um marco para regulação das compras públicas. Todavia, ela apresenta muitas deficiências e limitações que podem prejudicar a seleção da proposta mais vantajosa para Administração Pública.

A Lei Geral de Licitações foi redigida em um contexto de grande preocupação com os procedimentos em detrimento dos resultados. Assim, observa-se que ela carece de mecanismos que propiciem a celeridade, a eficiência e até mesmo o controle contra a corrupção.

A criação da modalidade de Pregão, instituída pela Lei Federal nº 10.520 de 2002, e a criação do Regime Diferenciado de Contratação (RDC), instituído pela Lei Federal nº 12.462 de

2011, revelam a intenção dos legisladores em suprir as falhas existentes na Lei Federal nº 8.666/93 e tornar o procedimento licitatório menos burocrático.

O Regime Diferenciado de Contratações (RDC) objetivava, inicialmente, a realização dos megaeventos esportivos de 2013, 2014 e 2016, mas a sua aplicação foi ampliada com o passar do tempo. Esse regime apresentou muitas inovações e contribuiu para a celeridade dos processos licitatórios. Importante destacar, contudo, que não há obrigatoriedade na sua aplicação.

Dessa forma, é clara a necessidade de uma ampla reforma da Lei Geral de Licitações. Em dezembro de 2016, o Senado aprovou o PLS 559/13 que objetiva essa reforma, o que deu origem ao Projeto de Lei nº 6.814 de 2017. Esse projeto consolida as regras e inovações do RDC e do Pregão, além de trazer novas regras, de forma a tentar superar as deficiências da Lei Federal nº 8.666/93. Assim, caso aprovado, o PL nº 6.814/17 irá revogar as Leis nº 8.666/93; nº 10.520/02; e nº 12.462/11.

O PL nº 6.814/17 revela grande preocupação não só com os resultados, mas também com o alcance da eficiência e combate à corrupção. Assim, tem-se como problema de pesquisa: de que forma o PL nº 6.814/17 pode contribuir para o aumento da eficiência e combate à corrupção nas compras públicas?

Sendo assim, o objetivo geral deste estudo consiste em verificar de que forma o PL nº 6.814/17 contribui para o aumento da eficiência e combate à corrupção nas compras públicas. Já os objetivos específicos são: analisar o histórico da legislação referente às compras públicas; conceituar os princípios da eficiência e da moralidade administrativa; identificar critérios para análise da legislação brasileira no que diz respeito ao aumento da eficiência e o combate à corrupção nas compras públicas a partir da análise do PL nº 6.814/17.

A discussão a respeito do fenômeno da corrupção e da busca por eficiência é extremamente relevante para a Administração Pública, sobretudo para os procedimentos licitatórios, que envolvem o dispêndio de recursos públicos. O PL nº 6.814/17 pode sofrer alterações até a sua aprovação, todavia, isso não invalidaria o objetivo da pesquisa, visto que o contexto de busca por mecanismos e procedimentos licitatórios que propiciem eficiência e redução da corrupção permanece o mesmo. Assim, como não existem muitos estudos aprofundados desse projeto de lei sob essa perspectiva, essa temática merece ser explorada.

Utilizou-se a metodologia de pesquisa documental e bibliográfica. Os documentos foram analisados e interpretados tendo como base o referencial bibliográfico estudado. Assim, a pesquisa é qualitativa.

Inicialmente, foi feito um levantamento bibliográfico na doutrina do direito administrativo, no que se refere aos princípios administrativos, sobretudo os da eficiência e da moralidade administrativa. Além disso, foi realizado um levantamento documental na jurisprudência no que diz respeito à aplicação desses princípios nas compras públicas. Também foi realizada uma pesquisa bibliográfica sobre o fenômeno da corrupção, de forma a conceituá-lo e pontuar as suas principais consequências para o setor público, sobretudo no que diz respeito a compras e aquisições públicas.

Visto que não existe conceito consolidado de como é possível mensurar o aumento da eficiência e o combate à corrupção nas compras públicas a partir de alterações na legislação, com base na caracterização dos princípios da eficiência e da moralidade administrativa, foram elaborados critérios objetivos para identificação de mecanismos, na legislação referente às compras públicas, que contribuam para o aumento da eficiência e para o combate à corrupção.

Um dos elementos da análise do PL nº 6.814/17 é a evolução da legislação. Assim, foi realizado um levantamento documental do histórico da legislação referente ao processo de compras públicas. Foi feita, ainda, a análise dos antecedentes e do contexto dessa legislação.

A partir da análise da legislação, tendo em vista os critérios objetivos de verificação da eficiência e moralidade, foram identificados os principais gargalos da Lei Federal nº 8.666/93. Dessa forma, foram apontadas as tentativas de modernização na legislação federal que amenizam ou solucionam as deficiências da atual Lei Geral de Licitações e que contribuem para o aumento da eficiência e para o combate à corrupção nos procedimentos licitatórios. Importante ressaltar que tais tentativas de modernização foram introduzidas pela aprovação da Lei do Pregão, do Regime Diferenciado de Contratações e da Lei das Estatais.

Por fim, assim como as tentativas de modernização previamente citadas, o Projeto de Lei nº 6.814 de 2017 foi analisado tendo em vista os princípios da eficiência e moralidade administrativa e a necessidade de superação dos gargalos da Lei Federal nº 8.666/93. Também foram destacados os mecanismos e procedimentos de legislações passadas que foram incorporadas pelo PL 6.814/17.

# 2

# HISTÓRICO DAS COMPRAS PÚBLICAS NO BRASIL

A aquisição de bens e serviços constitui instrumento importante para a atuação da Administração Pública na execução das políticas públicas. Assim, a regulamentação dos processos de compras é de extrema relevância, sobretudo para que sejam atendidos princípios administrativos previstos na Constituição Federal de 1988: economicidade[1], moralidade, impessoalidade, eficiência, legalidade e publicidade[2].

No Brasil, a regulamentação das compras públicas teve início em 1862, com a publicação do Decreto nº 2.926, que tinha como enfoque as arrematações dos serviços a cargo do Ministério da Agricultura, Comércio e Obras Públicas. Esse decreto traz informações a respeito do processo das arrematações e define as suas cláusulas gerais. De forma geral, já é possível observar nesse decreto a preocupação com a publicidade do processo, a impessoalidade na definição da ordem dos lances e a busca pela seleção da proposta mais vantajosa.

Em 1909, com a Lei nº 2.221, foi instituída a primeira base legal para licitações. Nesta lei, além de ser fixada a despesa geral da República, foram definidos alguns critérios para o Governo abrir

---

1 Artigo 70 da Constituição Federal de 1988.

2 Artigo 37 da Constituição Federal de 1988.

alguma concorrência. Tais critérios objetivavam a seleção de um "proponente" com idoneidade reconhecida, a definição adequada do bem ou serviço a ser adquirido, e a seleção da proposta mais vantajosa, tendo em vista critérios de custo para Administração[3].

O Decreto nº 4.536 de 1922, ao organizar o Código de Contabilidade da União, introduziu algumas definições para realização de compras públicas. No artigo 49, foi estabelecido que o empenho da despesa deveria preceder a realização do contrato (BRASIL, 1922). Também prevê a necessidade de publicação no Diário Oficial das condições para participar processo de concorrência, visando a publicidade e transparência. Estipulou, ainda, cinco casos de dispensa da concorrência. A dispensa de licitação àquela época era aplicada para situações em que, embora a competição entre os licitantes fosse viável, os custos envolvidos superavam os possíveis benefícios da licitação. Observa-se que com o passar dos anos, foram aumentando as hipóteses legais de dispensa de licitação.

A busca pela moralidade e impessoalidade nos processos de aquisições públicas também é percebida no Decreto nº 4.536/1922. Como exemplo, determinou-se que as propostas deveriam ser entregues lacradas e depois abertas e lidas diante de todos os concorrentes (BRASIL, 1922).

Em 1964, com a Lei nº 4.401, foi introduzida nas compras públicas a terminologia licitação. A lei estabeleceu quais procedimentos deveriam ser adotados na contratação de serviços e obras

---

3 Dentre as regras de concorrência apresentadas pelo art. 54 da Lei nº 2.221/1909, observa-se a utilização de critérios de custo a partir da possibilidade do Governo anular qualquer concorrência caso os preços pedidos fossem muito altos. Importante destacar que, para tal, antes da abertura das propostas, o Governo tinha que declarar quais preços máximos iria aceitar. Além disso, o critério de custo também era adotado na medida em que o proponente vencedor da concorrência era aquele que apresentasse a proposta mais barata.

pelo regime de empreitada, assim como a aquisição de material, equipamentos e animais destinados ao serviço público.

A Lei nº 4.401/64 diferenciou a realização de licitação por concorrência pública e licitação por concorrência administrativa, tendo como critério o valor do objeto da licitação. Assim, o art. 1º da Lei determinava:

> I – Far-se-á licitação por concorrência pública:
>
> a) para a execução de serviços ou obras, de montante superior a 500 vêzes o valor do maior salário-mínimo;
>
> b) para aquisição de materiais e equipamentos de montante igual ou superior a 500 vêzes o valor do maior salário-mínimo.
>
> II – Será exigida a licitação por concorrência administrativa:
>
> a) para a execução de serviços ou obras de montante igual ou inferior a 500 vêzes o valor do maior salário-mínimo;
>
> b) para aquisição de materiais e equipamentos de montante inferior a 500 vêzes o valor do maior salário-mínimo. (BRASIL, 1964)

A Lei nº 4.401/64 previu ainda a coleta de preços. Para realização da coleta de preços, deveria ser expedida carta-convite a, pelo menos, três licitantes e com cinco dias úteis no mínimo de antecipação (BRASIL, 1964). Além disso, destaca-se que esta lei estabeleceu a exigência de licitação para execução de serviços ou obras e para aquisição de materiais e equipamentos que ultrapassasse determinados valores, exceto para casos de urgência.

Em fevereiro de 1967, com a publicação do Decreto-lei nº 200, foram estabelecidas diretrizes para Reforma Administrativa do Estado. Tal Decreto, no título XII, definiu as normas relativas a compras, obras, serviços e alienações. Essas normas descreveram o procedimento licitatório de forma minuciosa, tornando-o mais burocrático e diminuindo a discricionariedade do administrador.

As normas estipularam casos em que é dispensável a licitação. Dentre eles, destacou-se a introdução das seguintes hipóteses: aquisição de obras de arte e objetos históricos; quando a operação envolver concessionário de serviço público ou, exclusivamente, pessoas de direito público interno ou entidades sujeitas ao seu controle majoritário (BRASIL, 1967).

O Decreto-lei nº 200 definiu ainda que constituem modalidades de licitação: a concorrência, a tomada de preços e o convite. Além disso, foram definidos critérios específicos para publicidade do procedimento (art. 130) e para realização da habilitação do licitante (art. 131), o que revelou a busca pela seleção impessoal de um licitante idôneo e qualificado para prestação do bem ou serviço.

Outro conceito importante introduzido pelo Decreto-lei nº 200 foi o de regime de execução de obras ou serviços. Foram introduzidos três tipos diferentes de regimes: empreitada por preço global; empreitada por preço unitário; e administração contratada. Esses regimes só foram conceituados no Decreto-lei nº 2.300 de novembro de 1986.

O Decreto-lei nº 2.300/86 dispôs sobre licitações e contratos da Administração Federal. Esse decreto-lei buscava instituir o estatuto jurídico das licitações e contratos administrativos pertinentes a obras, serviços, compras e alienações, no âmbito da Administração Federal centralizada e autárquica (BRASIL, 1986). Ao definir os regimes de execução de obras ou serviços, o Decreto apresentou os seguintes conceitos:

> Art. 5º Para os fins deste decreto-lei, considera-se:
>
> a) empreitada por preço global – quando se contrata a execução da obra ou do serviço, por preço certo e total;
>
> b) empreitada por preço unitário – quando se contrata a execução da obra ou do serviço, por preço certo de unidades determinadas;
>
> c) administração contratada – quando se contrata a execução da obra ou do serviço, mediante reembolso das despesas e pagamento da remuneração ajustada para os trabalhos de administração; [...]. (BRASIL, 1986)

Importante destacar que, ao definir o conceito de licitação, o Decreto Lei nº 2.300 consolidou o esforço das legislações anteriores para regulamentar o processo de compras públicas. Segundo o decreto lei, a licitação é um procedimento que objetiva a seleção da proposta mais vantajosa para Administração, sendo observados princípios básicos da igualdade, da publicidade, da probidade administrativa, da vinculação ao instrumento convocatório, do julgamento objetivo e dos que lhe são correlatos.

Foram definidos, ainda, os conceitos de: obra; serviço; alienação; execução direta; execução indireta; empreitada por preço global; empreitada por preço unitário; administração contratada; tarefa; projeto básico e projeto executivo. Além disso, o Decreto-lei nº 2.300 introduziu as modalidades de licitação concurso e leilão, e introduziu o regime de contratação por tarefa. Nesse Decreto-lei também foram previstas hipóteses de impedimento na participação das licitações, sendo elas: inexecução total ou parcial do contrato a Administração; e participação de empresa consorciada, na mesma licitação, por meio de mais de um consórcio ou isoladamente.

Inserida em um contexto de redemocratização, a Constituição Federal de 1988 foi um marco para regularização das licitações. No art. 22, XXVII, é definido que compete privativamente à União legislar sobre normas gerais de licitação e contratação, em todas as modalidades, para as administrações públicas diretas, autárquicas e fundacionais da União, Estados, Distrito Federal e Municípios, obedecidos os princípios de legalidade, impessoalidade, moralidade, publicidade e eficiência.

A CF/88 define que a prestação de serviços públicos, a realização de obras, serviços, compras e alienações devem ser feitas mediante a realização de licitação que assegure a igualdade de condições a todos os concorrentes.

A Lei Federal nº 8.666 de junho de 1993 regulamentou o art. 37, inciso XXI, da Constituição Federal e instituiu normas para licitações e contratos da Administração Pública. Segundo Justen Filho:

> As regras originais da Lei nº 8.666 foram resultado de evolução histórica que não pode ser olvidada. O diploma consagrou regras e princípios derivados das leis anteriores, amoldados ao sistema da Constituição de 1998 e tendo em vista as necessidades derivadas dos fatos históricos ocorridos no início da década de 1990. (JUSTEN FILHO, 2012, p. 13)

Assim, no que diz respeito à regulação dos processos de compras e aquisições públicas, a Lei Federal nº 8.666 de 1993 é o estatuto geral das licitações. A Lei Federal nº 10.520 de 2002 introduziu uma nova modalidade de licitação: o pregão. Em 2011, a Lei Federal nº 12.462 instituiu o Regime Diferenciado de Contratações (RDC). Com o passar do tempo, houve ampliação da sua aplicação. Em 2016, foi aprovada a Lei Federal nº 13.303, também conhecida como Lei das Estatais, que disciplina a realização de licitações para empresas públicas e sociedades de economia mista.

Assim como a Lei Federal nº 8.666/93, a Lei Federal nº 13.303/16 estipula que, exceto nas hipóteses previstas em lei, há obrigatoriedade na realização de licitação para contratação com terceiros destinados à prestação de serviços, inclusive de engenharia e de publicidade, à aquisição e à locação de bens, à alienação de bens e ativos integrantes do respectivo patrimônio ou à execução de obras a serem integradas a esse patrimônio, bem como à implementação de ônus real sobre tais bens.

Observa-se que a Lei do Pregão, a Lei do RDC e a Lei das Estatais objetivam solucionar alguns dos gargalos da Lei Federal nº 8.666/93. Todavia, ainda existe a necessidade de uma ampla reforma da Lei de Licitações. Nesse sentido, o Senado aprovou o PLS nº 559/13, que deu origem ao PL nº 6.814/17. O projeto consolida as regras e inovações do RDC e do Pregão, além de trazer novas regras. Assim, caso aprovado, o PL nº 6.814/17 irá revogar as Leis nº 8.666/93, nº 12.462/11, e nº 10.520/02.

Pode-se concluir, portanto, que a legislação brasileira referente às compras públicas sofre, ao longo dos anos, constantes modificações de forma a acompanhar as necessidades de modernização e aprimoramento da prestação do serviço público. Dessa forma, o conceito e o objetivo das licitações foi consolidado com o passar do tempo. A próxima seção apresenta a definição de licitação na doutrina do direito administrativo.

## 2.1 Conceito de licitação

A licitação pode ser definida como um "procedimento administrativo que fixa critérios objetivos para a seleção da proposta de contratação de um particular com a Administração Pública" (JUSTEN FILHO, 2012, p. 58). Segundo Carvalho Filho, "o procedimento administrativo é a sequência de atividades da Administração, interligadas entre si, que visa a alcançar determinado efeito final previsto em lei" (CARVALHO FILHO, 2014, p. 152).

A Constituição Federal de 1988 prevê que, exceto em situações previstas em lei, existe obrigatoriedade na utilização do procedimento licitatório. Essa obrigatoriedade pode ser justificada pelo fato de que "toda e qualquer contratação administrativa envolve uma solução quanto ao uso de recursos escassos de titularidade de um sujeito administrativo" (JUSTEN FILHO, 2012, p. 61). Ainda a respeito da previsão do procedimento licitatório pela CF/88, destaca-se:

> Inserto na Carta de 1988, o instituto da licitação foi elevado à altitude constitucional a fim de possibilitar a reconstrução da lisura dos negócios públicos, efetividade na prestação de contas e regularidade no emprego do dinheiro público. (BORGES, 2005, p. 92)

A licitação é um instrumento que reduz a discricionariedade no processo de aquisição e alienação de bens. Conforme destacado por Carvalho Filho (2014), esse procedimento é um meio de se contornar os riscos envolvidos nas aquisições públicas de bens e serviços e de ser selecionada a opção mais vantajosa para Administração. O autor define, portanto, a licitação como:

> Procedimento administrativo vinculado por meio do qual os entes da Administração Pública e aqueles por ela controlados selecionam a melhor proposta entre as oferecidas pelos vários interessados, com dois objetivos – a celebração do contrato, ou a obtenção do melhor trabalho técnico, artístico ou científico. (CARVALHO FILHO, 2014, p. 238)

Com o passar das décadas, os processos de aquisição de bens e serviços foram regularizados e novos mecanismos foram introduzidos. Embora tenham ocorrido mudanças procedimentais, desde o Brasil Império, observa-se nas compras públicas a preocupação com a publicidade do processo, a impessoalidade na definição da ordem dos lances, e a busca pela seleção da proposta mais vantajosa. Destaca-se que o PL 6.814/17 define que a licitação tem como objetivos: assegurar a seleção da proposta apta a gerar o resultado mais vantajoso para Administração Pública; assegurar a justa competição entre os licitantes; e incentivar a inovação tecnológica e o procedimento licitatório.

Marçal Justen Filho (2012 p. 61) ressalta que a definição da proposta vantajosa pode se dar sobre diferentes aspectos. Pelo aspecto econômico, a proposta vantajosa é aquela que assegura mais benefícios para aplicação dos recursos econômico-financeiros. A proposta vantajosa também pode ser aquela que promova o desenvolvimento sustentável, ou seja, aquela que envolva a preservação de recursos.

A Agenda 21 Brasileira, instrumento de planejamento do Governo para a construção de sociedades sustentáveis, define o desenvolvimento sustentável como o compromisso político com um desenvolvimento que concilie as necessidades de crescimento com a redução da pobreza e a conservação ambiental (MINISTÉRIO DO MEIO AMBIENTE, 2004).

As compras públicas sustentáveis, portanto, são aquelas que promovem um equilíbrio no desenvolvimento econômico, tendo-se em vista a proteção do meio ambiente e a promoção da justiça social.

Dessa forma, observa-se que a evolução na legislação orientou a construção do conceito de licitação. Nota-se, ainda, que as finalidades do procedimento licitatório expandiram com o passar dos anos. A seleção da proposta mais vantajosa para a Administração deixou de ter o fator pecuniário como critério principal para todas as situações. Os elementos de qualidade e sustentabilidade também têm grande peso nessa seleção.

A partir do conceito apresentado de licitação, a próxima seção indica os princípios administrativos que orientam a atuação da Administração Pública, sobretudo na realização de licitações.

# 3
# PRINCÍPIOS ADMINISTRATIVOS NOS PROCEDIMENTOS LICITATÓRIOS

Os princípios administrativos são a base para a atuação da Administração Pública. Janaina Jacolina Morais, no artigo "Princípio da eficiência na Administração Pública", destaca a utilidade dos princípios:

> Servem para orientar a correta interpretação das normas isoladas, indicar, dentre as interpretações possíveis diante do caso concreto, qual deve ser obrigatoriamente adotada pelo aplicador da norma, em face dos valores consagrados pelo sistema jurídico. (MORAIS, 2010, p. 2)

Conforme determinado no artigo 37 da Constituição da República Federativa do Brasil de 1988, a Administração Pública deve obedecer aos princípios de legalidade, impessoalidade, moralidade, publicidade e eficiência. Dessa forma, a regulamentação das compras públicas foi norteada pela observância desses princípios. No art. 3º, a Lei Federal nº 8.666/93 determina:

> A licitação destina-se a garantir a observância do princípio constitucional da isonomia, a seleção da proposta mais vantajosa para a administração e a promoção do desenvolvimento nacional sustentável e será processada e julgada em estrita conformidade com os princípios básicos da legalidade, da impessoalidade, da moralidade, da igualdade, da publicidade, da probidade administrativa, da vinculação ao instrumento convocatório, do julgamento objetivo e dos que lhes são correlatos. (BRASIL, 1993)

Importante ressaltar a grande quantidade de princípios que norteiam a atividade administrativa. Hely Lopes Meirelles aponta que, além do que é previsto na CF/88, também são princípios básicos da administração pública: razoabilidade, proporcionalidade, ampla defesa, contraditório, segurança jurídica, motivação e supremacia do interesse público (MEIRELLES, 2012, p. 88). Assim, no art. 4º do PL nº 6.814/17, também são previstos, além do que é determinado pela Lei Federal nº 8.666/93, outros princípios a serem observados nos procedimentos licitatórios:

> Na aplicação desta Lei serão observados os princípios da legalidade, da impessoalidade, da moralidade, da probidade administrativa, da igualdade, da publicidade, da eficiência, da eficácia, da motivação, da vinculação ao instrumento convocatório, do julgamento objetivo, da segurança jurídica, da razoabilidade, da competitividade, da proporcionalidade, da celeridade, da economicidade e da sustentabilidade. (BRASIL, 2017)

Tendo em vista a pluralidade de princípios a serem observados pela Administração Pública, destaca-se que os princípios administrativos não devem ser aplicados isoladamente, mas de forma proporcional (JUSTEN FILHO, 2012). Assim, observa-se que não existe hierarquia entre os princípios. Eles podem ser definidos como:

> Postulados fundamentais que inspiram todo o modo de agir da Administração Pública. Representam cânones pré-normativos, norteando a conduta do Estado quando no exercício de atividades administrativas. (CARVALHO FILHO, 2014, p. 18)

Devido à importância dos princípios da legalidade, eficiência e moralidade para discussão e análise da eficiência e combate à corrupção nas compras públicas, as próximas seções aprofundam a respeito da definição e aplicação de tais conceitos.

## 3.1 Princípio da legalidade

Segundo Justen Filho, "O princípio da legalidade disciplina integralmente a atividade administrativa, tal como consagrado constitucionalmente" (2012, p. 72). Importante destacar que, embora todos estejam sujeitos à observância da legalidade, a aplicação do princípio da legalidade é diferente para os particulares e para a Administração Pública. Enquanto a atuação da administração pública é limitada ao que é previsto em lei (autorização legislativa), "para os particulares é lícito fazer tudo aquilo que a lei não proíba" (ALEXANDRINO; PAULO, 2016, p. 214). Isso ocorre, pois, a administração pública não tem vontade autônoma, enquanto os particulares possuem autonomia de vontade (ALEXANDRINO; PAULO, 2016).

A legislação é um mecanismo que alinha a atuação da Administração Pública com o interesse público. A esse respeito, destaca-se:

> Como a lei contém comandos gerais e abstratos que representam a vontade do povo, manifestada pelo Poder que possui representatividade para tanto – o Legislativo -, o princípio da legalidade possui o escopo de garantir que a atuação do Poder Executivo nada mais seja senão a concretização daquela vontade. (ALEXANDRINO; PAULO, 2016, p. 216)

Observa-se, portanto, que o princípio da legalidade é a diretriz básica da conduta dos agentes da Administração (CARVALHO FILHO, 2014, p. 19). Assim, a atividade administrativa está condicionada ao atendimento da Lei e do Direito (MEIRELLES, 2012). Nesse sentido, Carvalho Filho complementa:

> Não custa lembrar, por último, que, na teoria do Estado moderno, há duas funções estatais básicas: a de criar a lei (legislação) e a de executar a lei (administração e jurisdição). Esta última pressupõe o exercício da primeira, de modo que só se pode conceber a atividade administrativa diante dos parâmetros já instituídos pela atividade legisferante. Por isso é que administrar é função subjacente à de legislar. O princípio da legalidade denota exatamente essa relação: só

> é legítima a atividade do administrador público se estiver condizente com o disposto na lei. (CARVALHO FILHO, 2012, p. 20)

Justen Filho afirma que "No âmbito da licitação, o princípio da legalidade significa ser vedado à autoridade administrativa adotar qualquer providência ou instituir qualquer restrição sem autorização legislativa" (2012, p. 72). Segundo Carvalho Filho, "no procedimento licitatório o princípio da legalidade impõe ao administrador a observância do devido processo legal" (2012, p. 242).

Ainda a respeito da aplicação do princípio da legalidade nos procedimentos licitatórios, Marçal Justen filho defende:

> Seria inviável transformar o procedimento licitatório numa atividade integralmente vinculada à lei. Isso acarretaria a necessidade de uma lei disciplinando cada licitação. A estrita e absoluta legalidade tornaria inviável o aperfeiçoamento da contratação administrativa. Uma vinculação assim ampla e exaustiva seria tão prejudicial e indesejável quanto a total liberação do administrador para formalizar o contrato que melhor lhe aprouvesse. Então, a lei estabelece os limites gerais a serem observados pela Administração, atribuindo-lhe competência para exercitar escolhas dentro desses parâmetros predeterminados. (JUSTEN FILHO, 2012, p. 73)

Diz ainda: "Na licitação, a vinculação à lei é complementada pela vinculação ao ato convocatório" (JUSTEN FILHO, 2012, p. 73). Assim, no certame devem ser definidas as condições de disputa que a Administração tem discricionariedade para escolher e aplicar no procedimento licitatório. "A partir daí começa a vinculação integral ao princípio da legalidade, restando, portanto, nenhuma margem de liberdade ao administrador" (DELGADO, 1994, p. 28).

Decorrente do princípio da legalidade, deve ser observado nos procedimentos licitatórios, portanto, o princípio da vinculação ao instrumento convocatório. A esse respeito, Carvalho Filho destaca:

> O princípio da vinculação tem extrema importância. Por ele, evita-se a alteração de critérios de julgamento, além de dar a certeza aos interessados do que pretende a Administração. E se evita, finalmente, qualquer brecha que provoque violação à moralidade administrativa, à impessoalidade e à probidade administrativa. (CARVALHO FILHO, 2012, p. 244)

O princípio da legalidade tem, portanto, grande relevância para segurança na relação jurídica a ser firmada nos processos licitatórios (DELGADO, 1994). Além disso, a observância da legalidade evita que "desvios sejam cometidos em prejuízo do patrimônio público" (DELGADO, 1994, p.28).

## 3.2 Princípio da eficiência

Acrescentado pela Emenda Constitucional nº 19 de 04 de junho de 1998, o princípio da eficiência teve como origem a insatisfação da sociedade com a prestação de serviços públicos. Nesse sentido, Batista Júnior aponta que, "para a prossecução do bem comum, não bastam os limites da Legalidade; exige-se um novo princípio de equilíbrio para pautar a atuação da Administração Pública: o Princípio da Eficiência" (BATISTA JÚNIOR, 2004, p. 127).

Importante salientar que "a eficiência como princípio norteador das ações da Administração deve ser objetivada não só na prestação direta de serviços para coletividade, mas também com relação aos serviços administrativos internos" (CARVALHO FILHO, 2012, p. 30). A respeito do objetivo do princípio da eficiência, Marcelo Couto Machado defende:

> O Princípio da Eficiência da Administração Pública tem em seu objeto o dever do agente público de executar suas tarefas da maneira mais rápida e com o menor desperdício possível, sempre objetivando atender ao que espera a sociedade em geral. (MACHADO, 2009, p. 2)

Observa-se que o termo eficiência é impreciso (CARVALHO FILHO, 2014). E também Alcantara destaca que: "Parece ainda não existir na doutrina jurídica brasileira um conceito consensual de princípio de eficiência" (ALCANTARA, 2009, p. 33). Além disso, "a determinação dos parâmetros de eficiência varia em relação ao tempo. O que se pudesse ter por eficiente para uma administração dos anos 700, com certeza, não o será nos dias de hoje" (BATISTA JÚNIOR, 2004, p. 213).

Embora o conceito de eficiência não possa admitir uma quantificação ou qualificação rigorosa, é possível apontar uma ideia nuclear de eficiência, que pode ser utilizada em casos concretos (BATISTA JÚNIOR, 2004). Segundo Carvalho Filho, o princípio da eficiência tem como núcleo a procura de produtividade e economicidade, e "tem estreita relação com a moralidade social" (CARVALHO FILHO, 2014, p. 33). Hely Lopes Meirelles, por sua vez, pontua que a análise da eficiência se dá em três aspectos: administrativo, econômico e técnico. Assim:

> A verificação da eficiência atinge os aspectos quantitativo e qualitativo do serviço, para aquilatar do seu rendimento efetivo, do seu custo operacional e da sua real utilidade para os administrados e para Administração. (MEIRELLES, 2012, p. 112)

Antes de aprofundar a ideia nuclear de eficiência, faz-se necessário apontar que o conceito de eficiência é associado ao conceito de eficácia. A eficácia relaciona-se ao atingimento dos resultados objetivados e na qualidade desses resultados. A eficiência, por sua vez, relaciona-se aos recursos utilizados nesse processo: tempo, recursos financeiros, recursos humanos. Na Administração Pública, a eficiência "pode ser definida como o melhor uso de recursos para atender ao interesse público" (ALCANTARA, 2009, p. 26). Nesse sentido, Alcantara pontua:

> Observa que este princípio apresenta as seguintes características: direcionamento da atividade e dos serviços públicos à efetividade do bem comum, imparcialidade, neutralidade, transparência, participação e aproximação dos serviços públicos da população, desburocratização e busca da qualidade. (ALCANTARA, 2009, p. 31)

Ao apontar a relação entre os conceitos de eficiência e eficácia, Batista Júnior defende:

> Firmando uma distinção entre os termos, podemos considerar que a eficácia seria uma medida do alcance de resultados, enquanto eficiência uma medida da utilização dos recursos nesse processo. Eficiência quer dizer fazer as coisas bem feitas, resolver problemas, cumprir o seu dever, reduzir custos; por outro lado, eficácia quer dizer fazer bem as coisas certas, produzir alternativas criativas, obter resultados, aumentar lucros. (BATISTA JÚNIOR, 2004, p. 112)

Ainda a esse respeito:

> A eficiência representa a relação entre os recursos aplicados e o produto final obtido, ou seja, a razão entre o esforço e o resultado, entre o custo e o benefício resultante (relação entre meios e fins). Está voltada para a melhor maneira pela qual as coisas devem ser feitas ou executadas (métodos), a fim de que os recursos sejam aplicados da forma mais racional possível. (BATISTA JÚNIOR, 2004, p. 112)

Ao caracterizar a ideia nuclear de eficiência, Batista Júnior (2004), apresenta os conceitos de produtividade, economicidade, qualidade, celeridade e desburocratização.

Visto que a eficiência "representa a relação entre os recursos aplicados e o produto final obtido, ou seja, a razão entre o esforço e o resultado, entre o custo e o benefício resultante" (BATISTA JÚNIOR, 2004, p. 224), um dos aspectos caracterizadores do conceito de eficiência é a produtividade, ou seja, a busca por "uma máxima utilização possível dos meios escassos, tendo em vista os fins a serem atingidos" (BATISTA JÚNIOR, 2004, p. 225).

A economicidade, por sua vez, "tem a ver estritamente com os meios e diz respeito apenas ao aspecto econômico da eficiência *stricto sensu*. Não fosse seu expresso destaque constitucional, poderia mesmo ser vista como uma nuança da produtividade" (BATISTA JÚNIOR, 2004, p. 228). Importante salientar que "a economicidade diz respeito à otimização de despesas, e não à minimização de custos; com ela aspira-se à majoração dos benefícios, da utilização, e não ao singelo 'barateamento'" (BATISTA JÚNIOR, 2004, p. 235).

Outros conceitos relevantes para a caracterização da ideia nuclear de eficiência são a qualidade e a celeridade. Nesse sentido, Batista Júnior explica: "sendo o fim primordial do aparato estatal bem servir ao interesse público, a atuação da AP, sempre, deve pautar-se por requisitos que demonstrem e garantam a qualidade" (BATISTA JÚNIOR, 2004, p. 235). A necessidade de celeridade, por sua vez, advém da ideia de que "a prossecução do bem comum não basta que a solução seja funcionalmente otimizada, mas, antes de mais nada, deve ser atingida rapidamente para ser a melhor" (BATISTA JÚNIOR, 2004, p. 241).

A desburocratização da atividade administrativa também é de grande importância para a sua eficiência. Nesse sentido, destaca-se: "quanto aos procedimentos administrativos, a eficiência, em sua faceta desburocratização, impõe o abandono a procedimentos administrativos demasiadamente longos e lentos, que não possibilitam a obtenção de decisões céleres" (BATISTA JÚNIOR, 2004, p. 245).

Visto os conceitos relacionados à ideia nuclear de eficiência, é importante ressaltar que "o conceito de eficiência apresenta necessariamente contornos diferenciados em organizações privadas e públicas" (ALCANTARA, 2009, p. 26). Enquanto a atividade privada tem como enfoque o lucro, a atividade pública tem como enfoque o bem-estar da população (ALCANTARA, 2009).

No setor público, portanto, o princípio da eficiência envolve o uso adequado dos recursos disponíveis para o atingimento de um objetivo que atenda ao interesse público. Assim, o princípio da eficiência engloba os conceitos de eficácia e eficiência.

Dessa forma, a aplicação do princípio da eficiência é de grande importância para a Administração Pública, sobretudo na realização de licitações. Nesse sentido, Silva (2008) destaca que a escassez dos recursos públicos e a infinidade de demandas sociais tornam a eficiência indispensável. Destaca-se, portanto:

> Se num processo de licitação, por má especificação do objeto licitado, entre outras coisas, adquire-se um bem ou se contrata um serviço que não cumpre a finalidade para qual foi requisitado, ainda que se tenha pago o menor preço ou o preço praticado no mercado, não se agiu eficazmente. (SILVA, 2008, p. 76)

A Escola Nacional de Administração Pública, em curso virtual sobre a gestão e a fiscalização de contratos administrativos, ressalta que a eficácia e a eficiência das contratações públicas dependem, entre outros aspectos, de que: o objeto licitado seja especificado corretamente tendo em vista aspectos quantitativos e qualitativos; a entrega ou fornecimento do bem ou serviço licitado sejam feitos no local e período determinados; e que sejam evitados gastos excessivos (BRASIL. Escola Nacional de Administração Pública, 2017).

A verificação da eficiência no setor público, especificamente na realização de licitações, apresenta algumas dificuldades:

> A avaliação da eficiência é de difícil operacionalização, ainda mais em serviços públicos. Grande parte das atividades públicas não permitem uma avaliação direta e objetiva dos resultados, pois elas atuam em sistemas abertos e complexos. (ALCANTARA, 2009, p. 27)

Conforme destacado, os princípios administrativos são de grande importância para o ordenamento jurídico brasileiro. Em análise da jurisprudência de licitações e contratos do Tribunal de Contas da União (BRASIL. Tribunal de Contas da União, 2010) observa-se que há orientação, em diversas decisões e acórdãos, da necessidade da observância do princípio constitucional da eficiência. Além disso, o TCU avalia procedimentos licitatórios específicos, tendo em vista tal princípio. Assim, a partir de um levantamento documental na jurisprudência, serão apontados alguns casos de aplicação desse princípio nas compras públicas.

No acórdão 436/2008 (Plenário) do TCU, há o entendimento de que, em atenção ao princípio constitucional da eficiência, a condução de processos licitatórios deve ocorrer mediante procedimento formal (BRASIL. Tribunal de Contas da União, 2010, p. 24). Importante ressaltar o entendimento de que "o procedimento administrativo da licitação é sempre um procedimento formal, especialmente em razão de preceder contratações que implicarão o dispêndio de recursos públicos" (ALEXANDRINO; PAULO, 2016, p. 646). Assim, a adoção do procedimento formal, quando sem excessos desnecessários, é positiva, pois limita a discricionariedade do agente público em situações passíveis de desvios na licitação. Por exemplo, ao definir no instrumento convocatório o critério de julgamento das propostas, critérios subjetivos dos agentes públicos são amenizados, ou mesmo eliminados.

No acórdão 137/2010 (Primeira Câmara), por sua vez, há ênfase na necessidade de elaboração de "estudos técnicos preliminares que assegurem a viabilidade da contratação sob os aspectos da eficácia, eficiência, efetividade e economicidade, com vistas a fundamentar o respectivo projeto básico" (BRASIL. Tribunal de Contas da União, 2010, p. 178 e 179). A "elaboração dos estudos técnicos preliminares constitui a primeira etapa do planejamento de uma contratação" (BRASIL. Tribunal de Contas da União, 2012, p. 58). Assim, nessa etapa, aspectos de eficiência e eficácia devem ser analisados, pois:

> Sem os estudos técnicos preliminares, o órgão corre o risco de despender recursos financeiros, esforço administrativo e tempo para elaborar o termo de referência ou do projeto básico, executar a licitação e efetuar a gestão de uma contração infrutífera, cuja inviabilidade poderia ter sido verificada na primeira etapa do planejamento da contratação. (BRASIL. Tribunal de Contas da União, 2012, p. 58)

Há, ainda, no acórdão 1849/2008 (Plenário), o entendimento de que, tendo em conta os princípios da economicidade, razoabilidade e eficiência, o parcelamento de obra deve ser realizado somente até o limite do que é tecnicamente viável (BRASIL. Tribunal de Contas da União, 2010, p. 232). A Lei Federal nº 8.666/93 define que "as obras, serviços e compras efetuadas pela Administração serão divididas em tantas parcelas quantas se comprovarem técnica e economicamente viáveis" (BRASIL, 1993). Desde que seja observado o limite do que é tecnicamente viável, o parcelamento pode contribuir para a economicidade e a eficiência do procedimento licitatório, pois ele é um mecanismo que objetiva o melhor aproveitamento dos recursos disponíveis no mercado, assim como a ampliação da competitividade.

Tendo em vista o exposto, é possível identificar dois critérios centrais para o exame objetivo da eficiência dos procedimentos licitatórios. O primeiro critério é a análise dos recursos envolvidos, sendo eles: tempo, recursos financeiros e recursos humanos. Dessa forma, os seguintes aspectos devem ser considerados: desburocratização, aumento da produtividade, celeridade, economicidade.

O segundo critério é a análise da obtenção da proposta mais vantajosa, assim como a análise da qualidade do bem ou serviço licitado. Embora o aumento da qualidade do bem ou serviço licitado seja de difícil mensuração, alguns parâmetros podem ser utilizados para sua avaliação. Mecanismos que promovem a adequada caraterização do bem ou serviço licitado, de forma que sejam estabelecidos parâmetros mínimos de qualidade, tendem a contribuir para o aumento da qualidade do objeto ofertado pela empresa vencedora do processo licitatório. Além disso, a correta definição do critério de julgamento a ser adotado contribui para que seja selecionado o bem ou serviço que melhor atende às necessidades da Administração Pública.

### 3.3 Princípio da moralidade

"O princípio da moralidade impõe que o administrador público não dispense os preceitos éticos que devem estar presentes em sua conduta" (CARVALHO FILHO, 2012, p. 21). Nesse sentido, "a conduta dos licitantes e dos agentes públicos tem de ser, além de lícita, compatível com a moral, a ética, os bons costumes e as regras da boa administração" (BRASIL. Tribunal de Contas da União, 2010, p. 29)

O princípio da moralidade "não está referido à moral comum, mas ao próprio Direito, isto é, será moral aquilo que o Direito disser que é moral" (ZOCKUN, 2008, p. 43). Observa-se, portanto, que o princípio da moralidade está associado ao princípio da legalidade. "Mesmo que não retirem, direta ou indiretamente, qualquer benefício, os administradores praticam atos inválidos quando interferem no destino da licitação para beneficiar ou prejudicar concorrente" (JUSTEN FILHO, 2012, p. 76). A esse respeito, destaca-se:

> Como se trata de um princípio jurídico, a moralidade administrativa independe da concepção subjetiva (pessoal) de moral que o agente possa ter, isto é, nenhuma relevância para o direito têm as convicções íntimas do agente público acerca da conduta administrativa que deva ser considerada moral, ética. (ALEXANDRINO; PAULO, 2016, p. 219)

O princípio da moralidade tem, a partir do ordenamento jurídico, uma noção objetiva da moral (ALEXANDRINO; PAULO, 2016). Assim, ao realizar o controle de legalidade ou legitimidade, o Poder Judiciário deve verificar a conformidade da atividade administrativa com o princípio da moralidade. No que diz respeito à relação entre legalidade e moralidade, Hely Lopes Meirelles defende:

> Por considerações de Direito e de Moral, o ato administrativo não terá que obedecer somente à lei jurídica, mas também à lei

> ética da própria instituição, porque nem tudo que é legal é honesto. (MEIRELLES, 2012, p. 90)

Observa-se, portanto, que a legitimidade de um ato administrativo depende da sua legalidade e moralidade. Assim, Hely Lopes Meirelles pontua:

> Administração legítima só é aquela que se reveste de legalidade e probidade administrativa, no sentido de que tanto atende às exigências da lei como se conforma com os preceitos da instituição pública. (MEIRELLES, 2012, p. 90)

Carvalho Filho destaca que a licitação é importante para moralidade administrativa, pois o "seu procedimento prevê mecanismos que buscam prevenir eventuais condutas de improbidade por parte do administrador" (CARVALHO FILHO, 2014, p. 244).

Conforme pontuado por Carvalho Filho (2014, p. 23), existem alguns mecanismos legais de combate a condutas que ferem o princípio da moralidade. A ação popular, prevista no art. 5º, LXXIII da CF/88, visa anular ato lesivo à moralidade administrativa. A ação civil pública, também prevista na CF/88, pode ser praticada pelo Ministério Público para proteção da moralidade administrativa. A Lei Federal nº 8.429 de 1992, também conhecida como Lei de Improbidade Administrativa, dispõe sobre sanções a serem aplicadas em caso de improbidade administrativa. A Lei Federal nº 12.846 de 2013 também é importante para temática da probidade na Administração, pois dispõe sobre a responsabilização administrativa e civil de pessoas jurídicas pela prática de atos contra a administração pública, nacional ou estrangeira.

Os conceitos de moralidade e probidade administrativa, embora correlacionados, são diferentes. A improbidade administrativa ocorre quando há lesão à moralidade. Segundo o art. 37, §4º da CF/88:

> Os atos de improbidade administrativa importarão a suspensão dos direitos políticos, a perda da função pública, a indisponibilidade

> dos bens e o ressarcimento ao erário, na forma e gradação previstas em lei, sem prejuízo da ação penal cabível. (BRASIL, 1988)

Buscando diferenciar os conceitos de moralidade e probidade administrativa, Larissa Carlos Freitas define:

> A moralidade administrativa compreende o tipo de comportamento que os administrados esperam da administração pública para a consecução de fins de interesse coletivo, segundo uma comunidade moral de valores, já a probidade na administração vem a ser o agir em consonância com tais valores, de modo a propiciar uma administração de boa qualidade. A moralidade é o genérico, do qual a probidade é uma especialização. (FREITAS, 2000, p. 1)

A Lei de Improbidade Administrativa (Lei nº 8.492/92) caracteriza as seguintes situações como improbidade administrativa: atos que importam enriquecimento ilícito; atos que causam prejuízo ao erário; atos que atentam contra os princípios da Administração Pública. Assim, tem-se a seguinte definição para o princípio da probidade administrativa:

> O princípio da probidade administrativa consiste na proibição de atos inequivocamente desonestos ou desleais para com o Poder Público, praticados por agentes seus ou terceiros, concretizado por tipificações e mecanismos inscritos na Lei n º 8.492/92. (FREITAS, 2008, p.205)

O princípio da moralidade também está associado ao princípio da eficiência. Segundo Fernanda Aime Lamp Waick:

> A moralidade administrativa também estaria ligada ao princípio da eficiência, característica fundamental da boa administração, princípio que exige que a atividade prestada pela Administração produza resultados visíveis para o administrado, posto que a prestação de um serviço de péssima qualidade por certo não atende ao interesse público, descumpre a finalidade do Estado e não poderia estar de acordo com a moralidade administrativa. (WAICK, 2009, p. 13)

A moralidade dos atos administrativos também tem estreita relação com o atendimento ao interesse público. Para análise e verificação do interesse público nas contratações públicas, especificamente, faz-se necessária a sua conceituação. Segundo o princípio da supremacia do interesse público, toda atuação do Estado deve ser pautada pelo interesse público, "cuja determinação deve ser extraída da Constituição, das leis e das manifestações da vontade geral" (ALEXANDRINO; PAULO, 2016, p. 209). "Existindo conflito entre o interesse público e o interesse particular, deverá prevalecer o primeiro, tutelado pelo Estado, respeitados, entretanto, os direitos e garantias individuais expressos na Constituição, ou dela decorrentes" (ALEXANDRINO; PAULO, 2016, p. 209).

Assim, o interesse público orienta a aplicação do Direito Administrativo, sendo possível distinguir o interesse público primário e o interesse público secundário do Estado. "Os interesses públicos primários são os interesses diretos do povo, os interesses gerais imediatos. Já os secundários são os interesses imediatos do Estado na qualidade de pessoa jurídica, titular de direitos e obrigações" (ALEXANDRINO; PAULO, 2016, p. 212). Dessa forma, interesses patrimoniais e atos internos da gestão administrativa são característicos dos interesses secundários (ALEXANDRINO; PAULO, 2016).

Importante ressaltar que "o interesse público secundário só é legítimo quando não é contrário ao interesse público primário" (ALEXANDRINO; PAULO, 2016, p. 213). Quando a administração realiza uma licitação, objetivando a seleção daquela com menor preço, observa-se a coincidência entre o interesse público primário e o interesse público secundário (ALEXANDRINO; PAULO, 2016).

A Lei Federal nº 8.666/93 prevê explicitamente a observância do interesse público em algumas situações. Em caso de fato superveniente, autoridade competente pode revogar a licitação por motivo de interesse público. Para melhor adequação às finalidades de interesse público, a Administração Pública possui a prerrogativa para modificar unilateralmente os contratos administrativos.

Ademais, razões de interesse público constituem motivo para rescisão de contrato administrativo.

Tal como realizado com o princípio da eficiência, em análise da jurisprudência de licitações e contratos do Tribunal de Contas da União (BRASIL. Tribunal de Contas da União, 2010) observa-se que há orientação, em diversas decisões e acórdãos, da necessidade da observância do princípio constitucional da moralidade. Sendo assim, serão apontados alguns casos de aplicação desse princípio nas compras públicas.

Tendo em vista o princípio da moralidade, observa-se nas decisões do Tribunal de Contas da União[4] grande ênfase na relação entre a moralidade do procedimento licitatório e a existência de vínculos de parentesco entre servidores envolvidos no procedimento e potenciais prestadores do bem ou serviço licitado. Há, ainda, no acórdão 710/2008 (Plenário), o entendimento de que é necessária a adoção de medidas para impedir a participação em procedimentos licitatórios realizados por empresa de pessoas físicas ou jurídicas que mantenham qualquer vínculo de natureza técnica, comercial, econômica, financeira ou trabalhista com membros da comissão de licitação, em obediência aos princípios constitucionais da moralidade, da impessoalidade e da igualdade (BRASIL. Tribunal de Contas da União, 2010, p. 307). Tais vedações são importantes para moralidade, pois minimizam a possibilidade de algum licitante obter informações privilegiadas acerca do procedimento licitatório.

Destaca-se, ainda, decisão do TCU, no acórdão 1048/2008 (Primeira Câmara), que definiu que a "conduta deliberada do pregoeiro no intuito de favorecer determinado licitante atenta contra os princípios da impessoalidade e da moralidade administrativa,

4 Acórdão 1282/2008 Plenário (BRASIL. Tribunal de Contas da União, 2010, p. 36); Acórdão 673/2008 Plenário (BRASIL. Tribunal de Contas da União, 2010, p. 36); Acórdão 2900/2009 Plenário (BRASIL. Tribunal de Contas da União, 2010, p. 42).

caracterizando a prática de ato com grave infração à norma legal e ensejando a sanção pecuniária" (BRASIL. Tribunal de Contas da União, 2010, p. 37). Tal decisão reforça a necessidade dos agentes públicos envolvidos em procedimentos licitatórios observarem as regras e procedimentos formais estabelecidos, de forma que critérios subjetivos não prejudiquem a impessoalidade necessária na licitação.

Por fim, a partir da concepção de que a moralidade possui um caráter objetivo em consonância com o Direito, é possível apontar alguns critérios para o exame objetivo da promoção da moralidade nas contratações da Administração Pública. Verifica-se a moralidade dos atos administrativos em que há o atendimento ao interesse público. A promoção da moralidade e a inibição da corrupção nas compras públicas, ademais, pode ocorrer com a implantação de mecanismos de transparência da atividade administrativa. Além disso, mecanismos legais de responsabilização dos agentes da Administração Pública também podem incentivar a prática de atos não só legais, mas também morais.

Finda a discussão acerca dos princípios da legalidade, eficiência e moralidade, na próxima seção é apresentada uma breve discussão sobre o fenômeno da corrupção.

# 4 DISCUSSÃO SOBRE A CORRUPÇÃO

A discussão a respeito do fenômeno de corrupção é extremamente relevante para a Administração Pública, sobretudo para os procedimentos licitatórios, que envolvem o dispêndio de recursos públicos. Afinal, "a corrupção administrativa prejudica o profissionalismo do serviço público e frustra os servidores honestos, afetando seu desempenho e reduzindo sua produtividade" (BREI, 1996, p. 108). O termo corrupção possui diferentes acepções. Segundo Zani Andrade Brei, existem três abordagens acadêmicas do problema:

> A primeira é a dos autores que analisam a corrupção associando-a às características do sistema social, percebendo-a como preenchedora de funções positivas, principalmente em relação à integração social e ao desenvolvimento político: é a visão funcionalista, mais preocupada com os efeitos e o papel da corrupção do que com suas causas e soluções. Uma segunda abordagem inclui os autores que realçam tanto os aspectos positivos quanto os negativos do fenômeno. E uma terceira, que critica, sobremaneira, a visão funcionalista, destaca os efeitos negativos da corrupção sobre a sociedade, preocupando-se mais com a análise das causas do problema e com sua minimização. (BREI, 1996, p. 104)

Sob a perspectiva funcionalista (primeira abordagem), a corrupção não resulta em danos irreparáveis, podendo contribuir para o desenvolvimento político, para o crescimento econômico e para inovação na estrutura administrativa do país (BREI, 1996). Na segunda abordagem, entende-se que a corrupção pode ser positiva, na medida em que é uma alternativa para o enfrentamento dos gargalos da burocracia excessiva. Todavia, essa abordagem também destaca que a corrupção pode ser disfuncional, pois pode resultar na instabilidade política, no desperdício de recursos e até na alienação dos bons servidores (BREI, 1996). Na terceira abordagem há o consenso de que a corrupção surge como explicação da decadência da confiança, lealdade e consideração entre cidadãos de um Estado (BREI, 1996).

A organização Transparency International[5] produz pesquisas e ferramentas que buscam ajudar as diferentes nações a atacarem a corrupção nos estágios regional e global. Essa organização caracteriza o custo da corrupção nas seguintes categorias: política, econômica, social e ambiental.

Sob os pontos de vista político e social, observa-se que a corrupção é um obstáculo para os sistemas democráticos, pois resulta na perda de legitimidade das instituições e na perda de confiança da sociedade no sistema político. Economicamente, a corrupção reduz a riqueza nacional. A degradação ambiental é outra consequência da corrupção.

Segundo a Transparency International, a corrupção pode ser definida como:

> Corrupção é o abuso de poder para ganhos privados. Ela pode ser classificada como grande, pequena e política, dependendo da quantidade de dinheiro perdido e do setor em que ocorre.[6] (Tradução nossa)

Assim, tendo em vista as definições da Transparency International, a "grande corrupção" consiste em atos, cometidos nas altas esferas de governos, que trazem benefícios para

5 Disponível em: <http://www.transparency.org/>. Acesso em: 18 maio 2017.

6 "Corruption is the abuse of entrusted power for private gain. It can be classified as grand, petty and political, depending on the amounts of money lost and the sector where it occurs" (TRANSPARENCY INTERNATIONAL, 2017).

determinados indivíduos às custas do bem público. A corrupção "pequena" se refere ao abuso diário de servidores públicos nas suas interações com os cidadãos. A "corrupção política" consiste na manipulação de políticas, instituições e regras de procedimento na alocação de recursos. Esse tipo de corrupção é praticada por aqueles indivíduos que abusam de sua posição para sustentar seu poder, *status* e riqueza.

A definição das causas para o fenômeno da corrupção é complexa. De forma geral, entende-se que a corrupção é resultado: da ausência de *accountability*, integridade e transparência; do excesso de regulamentações e normas; do excesso de poder discricionário de agentes públicos; e da cultura de patrimonialismo e clientelismo (NUNES, 2008).

A organização Transparency International elaborou nos anos de 2012, 2013, 2015 e 2016 um index da percepção de corrupção em cada país. A escala adotada foi de 0 a 100, sendo 0 a "nota" para um país extremamente corrupto e 100 a "nota" para um país extremamente "limpo", livre de corrupção. A média global é 43, o que indica uma situação endêmica de corrupção no setor público. A pontuação do Brasil em 2016 foi de 40, o que revela que o governo brasileiro está falhando em combater à corrupção na Administração Pública (TRANPARENCY INTERNATIONAL, 2016).

Tendo em vista os elevados custos decorrentes do fenômeno da corrupção, destaca-se a necessidade de serem encontradas soluções para o problema, "pois não se trata de apenas um ato ou de ato de um único indivíduo, mas de um conjunto de ações e de ações de muitos indivíduos" (MACHADO, 2008, p. 3).

Algumas medidas do Governo brasileiro oferecem mecanismos importantes para o combate à corrupção. Assim, destaca-se que um dos marcos para regulamentação das finanças públicas, a Lei Complementar nº 101/2000, denominada Lei de Responsabilidade Fiscal (LRF), foi fundamental para a transparência, planejamento e controle dos gastos públicos e para o consequente combate à corrupção.

A respeito da importância da LFR, Carvalho pontua:

> A novidade da Lei de Responsabilidade Fiscal está no fato de responsabilizar o administrador público especificamente na gestão financeira, partindo de um acompanhamento sistemático do desempenho de seu governo, seja mensal, trimestral, anual ou plurianual. (CARVALHO, 2010, p. 28)

No que diz a respeito aos processos de compras públicas, a Lei Complementar nº 101/2000 traz restrições orçamentárias que complementam a Lei Federal nº 8.666/93. De forma a evitar que o excesso de contratações comprometa o equilíbrio orçamentário, a LRF trouxe mais rigor para a fiscalização e o atingimento de metas orçamentárias (CARVALHO, 2010). A esse respeito, destaca-se:

> É possível se verificar que as determinações específicas da LRF modificaram e sistematizaram ainda mais a geração de despesa nas licitações e contratos administrativos. Foram aduzidas novas cautelas, houve um crescimento da importância da fase interna dos certames, com especificações e controles adicionais. (CARVALHO, 2010, p. 30)

A respeito das restrições orçamentárias previamente mencionadas, acrescenta-se:

> Notoriamente, a Lei Complementar n.º 101/00 (LRF) traz exigências para o equilíbrio de receitas e despesas públicas, permitindo que o saneamento financeiro resultante proporcione uma atuação mais eficaz do Estado em benefício dos interesses sociais. Assim, como a maior parte dos processos de licitação terá ao seu fim uma despesa, e a decisão de seguir ou não com o certame se dá ainda na fase interna, esta deverá adequar-se a algumas normas da LRF. (CARVALHO, 2010, p. 30)

Seguindo a tendência mundial de combate à corrupção, após a aprovação da Lei Complementar nº 101/2000, em dezembro de

2003, o Brasil assinou a Convenção das Nações Unidas contra a Corrupção (BRASIL, 2006). Essa convenção tinha as seguintes finalidades: promover e fortalecer as medidas para prevenir e combater mais eficaz e eficientemente a corrupção; promover, facilitar e apoiar a cooperação internacional e a assistência técnica na prevenção e na luta contra a corrupção, incluída a recuperação de ativos; promover a integridade, a obrigação de render contas e a devida gestão dos assuntos e dos bens públicos.

A Convenção das Nações Unidas contra a Corrupção estabelece o compromisso de cada Estado Parte formular e aplicar políticas e práticas de prevenção da corrupção. Além disso, cada Estado Parte deve aplicar nos seus ordenamentos institucionais e jurídicos códigos ou normas de conduta para o correto, honroso e devido cumprimento das funções públicas (BRASIL, 2006).

No que diz respeito a contratação pública, destaca-se que a Convenção das Nações Unidas contra a Corrupção estipula que cada Estado Parte deve estabelecer sistemas de contratação pública baseados na transparência, na competência e em critérios objetivos de adoção de decisões, que sejam eficazes para prevenir a corrupção (BRASIL, 2006).

A Lei nº 12.846/2013, denominada Lei Anticorrupção, introduziu mais mecanismos de responsabilização de pessoas jurídicas que praticarem atos contra a administração pública. No tocante a licitações e contratos, a Lei Anticorrupção tipifica como atos lesivos à Administração Pública:

a) frustrar ou fraudar, mediante ajuste, combinação ou qualquer outro expediente, o caráter competitivo de procedimento licitatório público;
b) impedir, perturbar ou fraudar a realização de qualquer ato de procedimento licitatório público;
c) afastar ou procurar afastar licitante, por meio de fraude ou oferecimento de vantagem de qualquer tipo;
d) fraudar licitação pública ou contrato dela decorrente;

e) criar, de modo fraudulento ou irregular, pessoa jurídica para participar de licitação pública ou celebrar contrato administrativo;

f) obter vantagem ou benefício indevido, de modo fraudulento, de modificações ou prorrogações de contratos celebrados com a administração pública, sem autorização em lei, no ato convocatório da licitação pública ou nos respectivos instrumentos contratuais; ou

g) manipular ou fraudar o equilíbrio econômico-financeiro dos contratos celebrados com a administração pública. (BRASIL, 2013)

Ao tratar a respeito do fenômeno da corrupção nas compras públicas, Marçal Justen Filho entende que o Direito Administrativo brasileiro cria oportunidades para a corrupção, sobretudo porque não existe um tratamento igualitário entre Administração Pública e particular, o que faz com que haja a redução de potenciais fornecedores (JUSTEN FILHO, 2015). A esse respeito, o autor explica:

> É indispensável um tratamento mais igualitário entre Administração Pública e particular – não porque os interesses privados sejam superiores aos interesses públicos. Mas porque a ausência de isonomia dá oportunidade a desvios insuportáveis, em virtude da confusão entre o interesse público propriamente dito e os interesses privados reprováveis. (JUSTEN FILHO, 2015, p. 1)

Luciano I. de Castro, ao discutir acerca do combate à corrupção nas compras públicas, identifica os principais elementos que levam à corrupção na aquisição de bens e serviços na administração pública:

> – Percepção da oportunidade de lucros extraordinários, a serem obtidos através de barreiras de entrada artificialmente criadas;
>
> – Formação de conluio entre agente público e empresa (ou grupo de empresas);
>
> Abuso do poder discricionário por parte de agentes públicos para favorecer determinadas empresas;

– Baixo valor esperado de eventuais punições. (CASTRO, 2007, p. 55)

A obtenção de lucros extraordinários nas compras públicas pode ocorrer a partir da criação de "barreiras artificiais" que dificultam ou impossibilitam a entrada de competidores no processo licitatório, o que compromete a competitividade. Dessa forma, "para reduzir a possibilidade de lucros extraordinários artificialmente criados, deve-se buscar a aproximação da condição de mercados competitivos" (CASTRO, 2007, p. 4).

Observa-se que a publicidade da licitação e dos resultados obtidos é um mecanismo de grande importância para a redução do custo de participação nas licitações e o consequente aumento da competitividade do processo (CASTRO, 2007). Outro mecanismo relevante para redução do custo de participação é o uso de mecanismos eletrônicos nos procedimentos licitatórios.

Todavia, nas situações em que o agente público é capaz de excluir os competidores com sua discricionariedade[7], o aumento da competitividade não é suficiente para a redução da corrupção (CASTRO, 2007). Afinal, "se o aumento da competição não reduzir a percepção de lucro esperado obtido por meio de corrupção, ela pode inclusive provocar um aumento de corrupção, porque agora ser corrupto é mais atrativo" (CASTRO, 2007, p. 4).

A formação de conluio entre agente público e empresa depende da coordenação entre eles. "A coordenação pode ser dificultada através da redução ou restrição aos contatos diretos entre os agentes públicos e as empresas participantes do processo licitatório" (CASTRO, 2007, p. 5).

---

[7] Acerca da diferença entre atos discricionários e atos vinculados, Hely Lopes (2012) explica que atos vinculados são aqueles determinados pela legislação. Já os atos discricionários são aqueles em que a Administração possui liberdade de escolha.

O abuso de discricionariedade dos agentes pode ocorrer nas seguintes situações: na determinação de quem vai ser o fornecedor do produto ou serviço; na efetivação da contratação; na aprovação (ou não) do fornecimento; e no atraso do pagamento do serviço (CASTRO, 2007). Na definição do fornecedor, podem ser aplicadas especificações excessivamente restritivas. Mesmo com a efetuação da licitação, é possível o seu cancelamento, o que possibilita o abuso de discricionariedade do agente.

A punição de atos de corrupção depende da capacidade de controle e monitoramento da Administração Pública. Para o aumento do controle, destaca-se o papel da padronização dos objetos licitados. A partir da padronização e monitoramento dos preços praticados é possível detectar a corrupção (CASTRO, 2007, p. 7).

Observa-se, portanto, que a discussão a respeito do fenômeno da corrupção é extremamente atual e complexa. Existe uma tendência mundial para o estabelecimento de práticas e políticas para o enfrentamento do problema. Como o fenômeno é multicausal, essas propostas são variadas, e buscam atingir os diferentes aspectos e agentes envolvidos na prática de atos de corrupção.

As compras públicas brasileiras são alvo do fenômeno da corrupção, o que compromete a eficiência e a moralidade do procedimento licitatório e fere o interesse público. Afinal, o abuso de poder para ganhos privados, característico do fenômeno da corrupção, prejudica o atendimento do interesse da coletividade e o interesse do Estado como entidade jurídica. Ademais, com a corrupção, há um grande dispêndio de recursos financeiros.

O combate à corrupção nos procedimentos licitatórios está atrelado à moralidade administrativa. Afinal, o fenômeno da corrupção pode ser caracterizado como um ato que fere a moralidade administrativa. Assim, para a análise do combate a essa prática, serão utilizados os mesmos critérios apresentados para o exame da promoção da moralidade nas contratações da Administração

Pública. Sendo eles: implantação de mecanismos de transparência da atividade administrativa; atendimento ao interesse público; e instituição de mecanismos legais de responsabilização dos agentes da Administração Pública.

Assim, na próxima seção são identificados gargalos pontuais da Lei Federal nº 8.666/93 que podem permitir ou contribuir para a perda de eficiência ou para a incidência de corrupção nas licitações do país.

# 5

# GARGALOS DA LEI FEDERAL Nº 8.666/93

A legislação que institui normas para licitações e contratos da Administração Pública, Lei Federal nº 8.666/93, definiu regras que foram resultado de uma evolução histórica (JUSTEN FILHO, 2012). Destaca-se que a Lei Geral de Licitações foi redigida em um contexto de grande preocupação com os procedimentos, em detrimento dos resultados. Borges (2005, p. 94) aponta que a Lei Federal nº 8.666/93 "peca por excesso, pois desbordou dos limites constitucionais", na medida em que prevê não só regras gerais para o procedimento licitatório, mas também regras específicas.

Sendo assim, o procedimento licitatório previsto na Lei Federal nº 8.666/93 é criticado por professores de direito administrativo e por agentes[8] que atuam na área, por ser extremamente formalista, burocrático e moroso. A esse respeito, Marçal Justen Filho defende:

> Não se evita a má utilização de recursos por meio de formalismos e burocracia. A Lei determina a aplicação, no setor público, das práticas adotadas no setor privado. No seu campo próprio de atuação, o

[8] Maria Sylvia de Pietro, professora de direito administrativo, indica que a Lei Federal nº 8.666/93 "tem muitas falhas, além do excesso de formalismo que não existe em outros países, é um procedimento que peca pela falta de transparência, sempre achei errada a realização da fase de habilitação antes da fase de julgamento" (EDITORA FÓRUM, 2017).

> Estado necessita de agilidade e de eficiência. Deve, de um lado, garantir-se contra fornecedores incapacitados. De outro lado, tem de atuar com rapidez e eficácia, contratando com a presteza necessária. (JUSTEN FILHO, 2012, p. 211)

Ainda nesse sentido, observa-se:

> A licitação não é um fim em si mesmo, tendo em vista que o procedimento licitatório, embora de natureza formal, deve transcender ao burocratismo exacerbado e inútil, até mesmo porque o procedimento deve estar voltado para a eficácia da máquina administrativa e orientado pelos princípios norteadores, como visto. (BORGES, 2005, p. 93)

Além disso, muitos são os casos de corrupção envolvendo licitações regidas pela Lei Geral de Licitações. Um exemplo de destaque da temática na atualidade é a Operação Lava Jato. Iniciada em 2009, a operação tem como enfoque a investigação de corrupção e lavagem de dinheiro entre grandes empreiteiros, executivos da estatal Petrobras e outros agentes públicos (BRASIL. Ministério Público Federal, 2017).

Desde a sua publicação, a Lei Geral de Licitações tem passado por alterações pontuais, todavia, de forma geral, o regime instituído não passou por uma reforma. Assim, nota-se que a Lei Federal nº 8.666/93 carece de mecanismos que propiciem a eficiência e o controle efetivo contra a corrupção. Dessa forma, busca-se identificar, de forma pontual, os principais gargalos da Lei Federal nº 8.666/93.

## 5.1 A inadequação da regra da aquisição/contratação pelo menor preço para alguns procedimentos licitatórios

A Lei Geral de Licitações apresenta quatro tipos de licitação, sendo eles: "menor preço"; "melhor técnica"; "técnica e preço"; "maior lance ou oferta".

No tipo "menor preço", o vencedor da licitação é aquele que apresentar proposta com menor preço, observadas as especificações do edital. Nas licitações em que for adotado o tipo "melhor técnica", a avaliação e classificação das propostas deve ser feita tendo em vista parâmetros estabelecidos pelo instrumento convocatório. Tais parâmetros devem ser pertinentes e adequados ao objeto licitado e devem considerar a capacitação e experiência do proponente e a qualidade técnica da proposta. Para tal, deve-se analisar: metodologia, organização, tecnologias e recursos materiais a serem utilizados nos trabalhos, e a qualificação das equipes técnicas a serem mobilizadas para a sua execução (BRASIL, 1993). Após a classificação das propostas, é adotado o seguinte procedimento:

> [...]
>
> II – uma vez classificadas as propostas técnicas, proceder-se-á à abertura das propostas de preço dos licitantes que tenham atingido a valorização mínima estabelecida no instrumento convocatório e à negociação das condições propostas, com a proponente melhor classificada, com base nos orçamentos detalhados apresentados e respectivos preços unitários e tendo como referência o limite representado pela proposta de menor preço entre os licitantes que obtiveram a valorização mínima;
>
> III – no caso de impasse na negociação anterior, procedimento idêntico será adotado, sucessivamente, com os demais proponentes, pela ordem de classificação, até a consecução de acordo para a contratação;
>
> IV – as propostas de preços serão devolvidas intactas aos licitantes que não forem preliminarmente habilitados ou que não obtiverem a valorização mínima estabelecida para a proposta técnica. (BRASIL, 1993)

Nas licitações tipo "técnica e preço", por sua vez, "a classificação dos proponentes far-se-á de acordo com a média ponderada das valorizações das propostas técnicas e de preço, de acordo com os pesos preestabelecidos no instrumento convocatório" (BRASIL, 1993).

O tipo "maior lance ou oferta" deve ser adotado nos casos de alienação de bens ou concessão de direito real de uso. Nesse tipo, a proposta vencedora é aquela economicamente mais vantajosa.

Observa-se que existe grande ênfase na Lei Federal nº 8.666/93 para realização de licitações do tipo "menor preço". A adoção dos tipos "melhor técnica" e "técnica e preço" é limitada para a execução de serviços de natureza predominantemente intelectual. O critério de maior lance ou oferta, por sua vez, é específico para os casos de alienação de bens ou concessão de direito real de uso.

A adoção do critério de menor preço objetiva o alcance da eficiência sob o panorama da economicidade. Todavia, sob o panorama da qualidade do bem licitado, tal critério pode mostrar-se inadequado para alguns procedimentos licitatórios. Assim, questiona-se até que ponto a seleção da proposta mais vantajosa para Administração deve ser limitada, majoritariamente, pelo aspecto quantitativo e não qualitativo.

Importante destacar que o critério de menor preço, quando aplicado de forma adequada, não compromete a qualidade do objetivo licitado. Nesse sentido, Caio Augusto dos Santos Alves defende:

> [...] não é a mera utilização do critério do menor preço o que faz com que as contratações por parte da Administração sejam de baixa qualidade, mas sim a má utilização do procedimento licitatório como um todo, desde o seu princípio, sem o devido planejamento e atenção por parte do administrador. (ALVES, 2014, p. 44)

Assim, no planejamento e execução dos procedimentos licitatórios, os agentes públicos devem avaliar cuidadosamente as características desejadas para o objeto licitado, para que a sua especificação seja adequada e para que a adoção do critério do menor preço não comprometa a qualidade do bem ou serviço licitado.

## 5.2 O excesso de formalismo e burocracia e a ineficácia do seguro garantia

A Lei Geral de Licitações é demasiadamente formalista e burocrática, sobretudo ao estabelecer os requisitos de habilitação. A respeito do formalismo da Lei Federal nº 8.666/93, Marçal Justen Filho reforça:

> Os diplomas legais podem ser mais ou menos formalistas. Isso não autoriza o formalismo do intérprete, que não deve transformar-se em autônomo, pretendendo localizar a mais rigorosa compatibilidade entre o mundo dos fatos e o texto escrito de uma lei.
>
> [...]
>
> Portanto, aplicar a Lei nº 8.666 não consiste numa mera atividade mecânica, derivada da simples intelecção do sentido das palavras. É necessário compreender os valores veiculados através do diploma, verificar os fins a serem atingidos e escolher a solução mais compatível com todos os princípios jurídicos consagrados pelo Direito brasileiro. (JUSTEN FILHO, 2012, p. 736)

O Tribunal de Contas da União apresentou no acórdão nº 2302/2012 a seguinte posição acerca da excessiva formalidade nos procedimentos licitatórios:

> Entende-se por procedimento formal a vinculação do certame licitatório principalmente às leis e aos editais que disciplinam todos suas fases e atos, criando para os participantes e para a Administração a obrigatoriedade de observá-los. O rigor formal, todavia, não pode ser exagerado ou absoluto. O princípio do procedimento formal não quer dizer que se deva anular o procedimento ou julgamento, ou inabilitar licitantes, ou desclassificar propostas diante de simples omissões ou irregularidades na documentação ou na proposta, desde que tais omissões ou irregularidades sejam irrelevantes e não causem prejuízos à Administração ou aos concorrentes. (BRASIL. Tribunal de Contas da União, 2012, p. 17)

O excesso de formalismo na fase de habilitação é, portanto, inadequado. Nesse sentido, Marçal Justen filho destaca a necessidade de razoabilidade nessa fase:

> Portanto, deve-se aceitar a conduta do sujeito que evidencie o preenchimento das exigências legais, ainda quando não seja adotada a estrita regulação imposta originariamente na Lei ou no Edital. Na medida do possível, deve promover, mesmo de ofício, o suprimento de defeitos de menor monta. Não se deve conceber que toda e qualquer divergência entre o texto da Lei ou do Edital conduz à invalidade, à inabilitação ou à desclassificação. (JUSTEN FILHO, 2012, p. 737)

Diz ainda o mesmo autor que "Os requisitos de habilitação consistem em exigências relacionadas com a determinação da idoneidade do licitante" (JUSTEN FILHO, 2012, p. 454). A Lei federal nº 8.666/93 determina que a habilitação deve ocorrer antes da apresentação e abertura das propostas, o que onera e torna moroso o processo de verificação dos critérios de habilitação, visto que tal verificação deve ser feita para todos os licitantes. Com isso podem ser habilitados até aqueles licitantes cujas propostas não se enquadrariam como a proposta mais vantajosa.

Justifica-se a lógica da Lei federal nº 8.666/93 para o procedimento da habilitação da seguinte forma:

> [...] se o julgador da licitação tivesse conhecimento do conteúdo das provas, seria tentado a preservar a participação de licitantes que tivessem apresentado aquela com maior vantajosidade, ainda que eventualmente não disponham de condições de executar o objeto contratado. (JUSTEN FILHO, 2012, p. 453)

Todavia, observa-se que tal justificativa não tem sido suficiente para a manutenção do modelo adotado. Nesse sentido, objetivando a celeridade do procedimento licitatório, a Lei Federal nº 10.520/2002, que institui a modalidade do pregão, prevê a chamada "inversão de fases" entre o julgamento e a habilitação.

Ademais, destaca-se a grande quantidade de documentos que podem ser exigidos no processo de habilitação. A Lei Federal nº 8.666/93 define:

> Art. 27. Para a habilitação nas licitações exigir-se-á dos interessados, exclusivamente, documentação relativa a:
>
> I – habilitação jurídica;
>
> II – qualificação técnica;
>
> III – qualificação econômico-financeira;
>
> IV – regularidade fiscal e trabalhista; [...]. (BRASIL, 1993)

Essa lei estabelece quais itens podem ser exigidos para cada tipo de qualificação. Nesse sentido, ressalta-se que "não há imposição legislativa a que a Administração, em cada licitação, exija comprovação integral quanto a cada um dos itens" (JUSTEN FILHO, 2012, p. 458). Todavia, o citado autor em outro estudo (2015) destaca que é possível direcionar indevidamente uma licitação a partir da adoção de requisitos de habilitação excessivos, que comprometam a universalidade da disputa (JUSTEN FILHO, 2015).

Acerca de requisitos de habilitação excessivos, observa-se seguinte entendimento do Tribunal de Contas da União:

> [...] O edital da licitação não pode conter exigências de habilitação técnica que não guardem correspondência com o regramento próprio da atividade demandada, sob pena de criar restrição arbitrária e indevida à participação de potenciais interessados. (BRASIL. Tribunal de Contas da União, 2015, p. 1)

Nota-se, portanto, que a lógica adotada pelo Brasil para o procedimento de habilitação dos licitantes possui as suas falhas. Tendo em vista a temática, destaca-se o modelo adotado pelos Estados Unidos da América (EUA). Regulado pelo Federal Acquisition Regulation (FAR)[9], o procedimento de compras e aquisições públicas da Federação nos EUA prevê uma prática denominada "Performance Bound".

[9] Disponível em: <https://www.acquisition.gov/sites/default/files/current/far/pdf/FAR.pdf>. Acesso em: 28 ago. 2017.

A "Performance Bound" constitui um seguro que garante o cumprimento de 100% (cem por cento) do valor do contrato para as obras que superarem o valor de $150,000 (cento e cinquenta mil dólares). A seguradora do contratado é responsável, portanto, pela verificação dos critérios de habilitação e, nos casos necessários, pelo cumprimento do contrato.

Atualmente, a Lei Federal nº 8.666/93 prevê que o contratante pode optar por uma de três modalidades de garantia, sendo elas: caução em dinheiro ou em títulos da dívida pública; seguro garantia; e fiança bancária. Como regra geral, a modalidade de garantia escolhida não pode exceder a cinco por cento do valor do contrato[10].

Importante destacar, portanto, que a lógica estabelecida pela Lei Federal nº 8.666/93 para a garantia de obras e serviços é diferente do mecanismo de "Performance Bound", previamente descrito. Segundo a Lei Geral de Licitações, a exigência da prestação de garantia não é obrigatória, e a garantia prestada pelo contratado deve ser liberada ou restituída após a execução do contrato (BRASIL, 1993). Nos EUA, a adoção do "Performance Bound" para obras é obrigatória, e a seguradora garante o cumprimento do valor total da obra, não apenas parte, como no Brasil.

Além disso, embora a modalidade de seguro garantia esteja prevista na Lei Geral de Licitações, não existe obrigatoriedade da sua adoção em obras de grande vulto, e o percentual adotado é muito pequeno, podendo ser insuficiente para conclusão da obra.

Embora o sistema de seguros não seja imune ao fenômeno da corrupção, no que diz respeito às modalidades de garantia,

[10] "Para obras, serviços e fornecimentos de grande vulto envolvendo alta complexidade técnica e riscos financeiros consideráveis, demonstrados através de parecer tecnicamente aprovado pela autoridade competente, o limite de garantia previsto no parágrafo anterior poderá ser elevado para até dez por cento do valor do contrat0" (BRASIL, 1993).

de forma a aumentar a eficiência do procedimento licitatório, o Brasil poderia seguir o modelo adotado pelos EUA, que transfere para as seguradoras o custo da verificação da habilitação dos licitantes, assim como o risco do descumprimento do contrato. Além disso, nota-se que o formalismo excessivo pode comprometer a eficiência dos procedimentos licitatórios regidos pela Lei Federal nº 8.666/93, na medida em que pode tornar o processo mais lento e pode promover a exclusão inadequada de licitantes na fase de verificação dos requisitos de habilitação.

## 5.3 A fragilidade na elaboração do projeto básico

A Lei Federal nº 8.666/93 prevê um procedimento em que a Administração Pública "desenvolve um projeto (ou contrata alguém para fazê-lo) e em seguida lança um certame para encontrar quem melhor o executará" (NÓBREGA, 2015, p. 28). Assim, a partir da identificação das necessidades e demandas da Administração Pública, o projeto básico é elaborado.

Observa-se que o procedimento da Lei Federal nº 8.666/93 pode criar uma situação de tensão entre *design* elaborado e empreiteiro (NÓBREGA, 2015). Afinal, "quando a Administração Pública elabora o projeto, a empresa executora pode alegar que o inadequado desenho do projeto acabou por prejudicar a correta execução da obra" (NÓBREGA, 2015, p. 19). Nesse sentido, o autor aponta que:

> Grande parte dos problemas de obras públicas no Brasil se dá por deficiências do projeto básico (outra grande parte se refere a superfaturamento), conduzindo para o 'jogo de empurra' entre aquele que elabora o projeto básico e o que executa. Isso ocorre porque há interesses desalinhados. (NÓBREGA, 2015, p. 19)

A Lei Geral de Licitações abre margem para um fenômeno denominado "jogo de planilhas" nas licitações para empreitada por preço global[11]. Esse fenômeno é resultado da falta de critérios de aceitabilidade de preços unitários e a fragilidade na elaboração do projeto básico. A esse respeito, Justen Filho explica:

> Isso se passa quando o licitante identifica a inadequação do projeto e localiza certo item da planilha que contempla quantitativos insuficientes, verificando que, em outras passagens, há quantitativos sobejantes. O chamado 'jogo de planilha' consiste em formular preços elevados para os quantitativos insuficientes e preços irrelevantes para os quantitativos excessivos previstos na planilha anexa ao edital. Isso redunda em um preço global reduzido, que pode assegurar a vitória ao licitante. Iniciada a execução, confirma-se a previsão realizada por ocasião da licitação. Logo, é necessária modificação contratual para elevar os quantitativos dos itens que têm preços elevados e reduzir as quantidades dos itens que têm preços reduzidos. (JUSTEN FILHO, 2012, p. 747)

A respeito do "jogo de planilha", importante salientar:

> A caracterização de jogo de planilha prescinde da intenção de conferir vantagem indevida por parte dos agentes administrativos ou dos prepostos da pessoa jurídica contratada. (BRASIL. Tribunal de Contas da União, 2016, p. 1)

A Lei Federal nº 8.666/93 define o projeto básico como o conjunto de elementos necessários para caracterizar a obra ou serviço licitado. A partir do projeto, é possível avaliar o custo envolvido, além disso, nele são definidos os métodos e prazos de execução das obras. Desta forma, a elaboração do projeto básico tem papel crucial para que a licitação ocorra de maneira eficiente.

---

11 A Lei Federal nº 8.666/93 define a empreitada por preço global como um regime de contratação em que é realizada a contratação da execução da obra ou do serviço, por preço certo e total.

## 5.4 A ineficaz promoção do desenvolvimento nacional sustentável

Observa-se, ainda, que a Lei Federal nº 8.666/93 carece de mecanismos para propiciar, a partir das compras públicas, o desenvolvimento nacional sustentável de forma eficaz. A respeito da promoção do desenvolvimento sustentável nas licitações, Gabriela Leão exemplifica:

> São exemplos de aplicação da sustentabilidade econômica e social nas licitações: a escolha de uma proposta que gere mais empregos; a contratação de mão-de-obra local; preferências para materiais, tecnologias e matérias-primas de origem local; e o fomento a políticas sociais inclusivas e compensatórias (contratação de pessoas com desabilidades físicas, mulheres, detentos, entre outros). (LEÃO, 2013, p. 29)

Destaca-se, ainda:

> É legítimo que as contratações da Administração Pública se adequem a novos parâmetros de sustentabilidade ambiental, ainda que com possíveis reflexos na economicidade da contratação. Deve constar expressamente dos processos de licitação motivação fundamentada que justifique a definição das exigências de caráter ambiental, as quais devem incidir sobre o objeto a ser contratado e não como critério de habilitação da empresa licitante. (BRASIL. Tribunal de Contas da União, 2015, p. 1)

A Lei Complementar 123/2006 é um exemplo de como a legislação pode fomentar o desenvolvimento sustentável do país. Afinal, ao estimular a contratação preferencial de microempresas e empresas de pequeno porte, a Lei Complementar 123/2006 promove a sustentabilidade social e econômico das licitações (LEÃO, 2013).

A promoção do desenvolvimento sustentável nos procedimentos licitatórios pode, no curto prazo, acarretar no aumento dos custos financeiros, ou seja, não seria, aparentemente, a opção mais eficiente. No longo prazo, contudo, contratações sustentáveis possuem potencial de ganho de eficiência, "como é o caso de produtos que causem menos danos ambientais ou obras que possuem oportunidades de economia de água e energia" (LEÃO, 2013, p. 67). Assim, a ineficaz promoção do desenvolvimento sustentável na Lei Federal nº 8.666/93 prejudica a eficiência dos procedimentos licitatórios.

Tendo em vista o que foi exposto, embora a Lei Federal nº 8.666/93 tenha sido aprovada em um contexto de busca pela moralização da Administração Pública, são muitas as suas deficiências, sobretudo na aplicação prática dos procedimentos previstos. Assim, na próxima seção são analisadas as tentativas de modernização do procedimento referente às contratações públicas.

# 6
# TENTATIVAS DE MODERNIZAÇÃO DO PROCEDIMENTO REFERENTE ÀS CONTRATAÇÕES PÚBLICAS

Para o atendimento dos princípios básicos da Administração Pública e para superação de deficiências identificadas na seção anterior, com o passar dos anos, são incorporadas tentativas de modernização na legislação referente às compras públicas. A criação da modalidade de Pregão, instituída pela Lei nº 10.520 de 2002, a criação do Regime Diferenciado de Contratação (RDC), instituído pela Lei nº 12.462 de 2011, a aprovação da Lei das Estatais, Lei Federal nº 13.303/16, e aprovação do PLS 559/13, que deu origem ao PL nº 6.814/17, revelam a intenção dos legisladores em suprir as falhas existentes na Lei Federal nº 8.666/93. Assim, destaca-se que as inovações incorporadas pela legislação ao longo do tempo objetivam a criação de mecanismos que propiciem a celeridade, moralidade, eficiência e desburocratização dos procedimentos licitatórios.

Dessa forma, a partir da caracterização apresentada nos itens 3.2 e 3.3 (princípio da eficiência e princípio da moralidade), serão identificados na legislação vigente referente às compras públicas os mecanismos que contribuem para o aumento da eficiência e para o combate à corrupção. Além disso, serão identificados os mecanismos que constituem uma tentativa de superação dos gargalos identificados na Lei Federal nº 8.666/93.

## 6.1 Lei do Pregão

Inicialmente, o pregão foi instituído pela Medida Provisória nº 2.026-3 em julho de 2000. Posteriormente, a Lei Federal nº 10.520 de julho de 2002 disciplinou o instituto do pregão. Além disso, o Decreto Federal nº 3.555/00 aprovou o regulamento do pregão em agosto de 2000. Esse Decreto Federal foi revogado em maio de 2005 pelo Decreto nº 5.450.

A Lei do Pregão, Lei Federal nº 10.520/02, veicula normas gerais acerca de licitação e institui uma nova modalidade de licitação a ser adotada para aquisição de bens e serviços comuns, o Pregão. Essa nova modalidade teve como finalidade os mesmos objetivos instituídos pela Lei Federal nº 8.666/93, todavia, observa-se que a Lei Federal nº 10.520/02 apresentou muitas inovações objetivando a transparência, a celeridade, a redução dos gastos decorrentes da licitação e a redução da burocracia por meio de procedimentos simplificados. Nesse sentido, destaca-se:

> Como a Licitação é um procedimento destinado a selecionar a proposta mais vantajosa para a administração pública, o pregão está em perfeita consonância com seus princípios, pois pretende conseguir o máximo por menos, ou seja, como prevê apenas o tipo menor preço, o Pregão é um Leilão ao contrário, pois aquele que vende o produto mais barato é que vence o processo licitatório. Tal fato é preponderante para o perfeito atendimento ao princípio da economicidade e eficiência, pois sempre é alcançada uma redução considerável nas aquisições de bens e serviços comum. (FERREIRA; CARVALHO; MORAES, 2013, p. 2)

Importante salientar que a adoção do pregão é restrita à aquisição de bens e serviços comuns, pois com a simplificação dos procedimentos, os riscos para a Administração Pública são maiores. Assim, apenas aqueles objetos padronizados são adequados para aquisição de forma simplificada e menos minuciosa.

O pregão pode ser realizado de duas formas: presencial ou eletrônica. Nessa modalidade, são previstas "duas fases, uma interna, e de caráter tipicamente administrativo, objetivando a preparação do certame, e outra externa, em que há a efetiva competição entre os interessados" (FERREIRA; CARVALHO; MORAES, 2013, p. 6).

O pregão eletrônico é um mecanismo de grande importância para transparência e moralidade do processo licitatório:

> Do ponto de vista da probidade, o pregão evita ajustes prévios entre os fornecedores na medida em que estes não sabem quem são os interessados em participar do certame, não sabem quem é o pregoeiro, e até o encerramento da fase de lances e apuração do menor valor ofertado, não sabe quem são os licitantes. Também tem sido reconhecido que o pregão cumpre, superiormente, o princípio da transparência porque a sociedade pode acompanhar pela Internet as contratações eletrônicas do governo federal, por meio do endereço http://www.comprasnet.gov.br. (PEREIRA JÚNIOR; DOTTI, 2007, p. 51)

A forma eletrônica também tem papel fundamental na celeridade da licitação:

> A forma eletrônica torna o certame ágil porque enseja realização e aferição das fases do procedimento licitatório por meio eletrônico, o que significa que o licitante não necessitará deslocar-se até a sede da administração, ou encaminhar suas manifestações (propostas, recursos administrativos) por via postal, arcando com os respectivos custos, como previsto na Lei nº 8.666/1993. (PEREIRA JÚNIOR; DOTTI, 2007, p. 53)

Marçal Justen Filho destaca que o pregão possui duas características fundamentais: a inversão de fases de habilitação e julgamento, e a possibilidade de renovação de lances por todos ou alguns licitantes, objetivando o alcance da proposta mais vantajosa (JUSTEN FILHO, 2005).

A adoção do pregão permite, portanto, que seja verificada a documentação de habilitação apenas do licitante que apresentar a proposta considerada mais vantajosa para a Administração. Isso pode contribuir para celeridade e para desoneração do processo licitatório, ou seja, há uma redução nos recursos financeiros e de tempo utilizados. Assim, a mudança do momento de habilitação aumenta a eficiência do procedimento licitatório e contribui para a redução do formalismo do procedimento.

Além disso, com a realização da habilitação após a fase de julgamento, "torna-se mais difícil que o agente corrupto desclassifique empresas que não atuem dentro de um conluio, na medida em que existe um custo maior para o agente público rejeitar uma proposta mais barata" (CASTRO, 2007). Afinal, são analisados os requisitos de habilitação daquele licitante que ofertou a melhor proposta, assim, a sua exclusão traz custos para a Administração. Nesse sentido, a mudança do momento de habilitação auxilia o combate à corrupção, na medida em que contribui para que seja atendido o interesse público no procedimento licitatório: seleção da proposta mais vantajosa.

O pregão prevê ainda a possibilidade de negociação entre licitante e Administração Pública. No art. 4º, inciso XVII da Lei Federal nº 10.520/02, é definido que o pregoeiro, após analisar a proposta que atender às exigências habilitatórias e ficar com a melhor classificação, pode negociar com o proponente de forma a obter o melhor preço. A negociação é um mecanismo importante para assegurar a economicidade do processo licitatório, permitindo que os preços praticados no setor público se aproximem daqueles praticados no setor privado.

A esse respeito, ressalta-se decisão do Tribunal de Contas da União:

> Nas licitações realizadas mediante pregão, constitui-se poder-dever da Administração a tentativa de negociação para reduzir o preço final do contrato, tendo em vista a maximização do interesse público em obter-se a proposta mais vantajosa, mesmo que eventualmente o valor da oferta tenha sido inferior à estimativa da licitação. (BRASIL. Tribunal de Contas da União, 2015, p. 1)

A Lei Federal nº 10.520/02 também introduziu a possibilidade de manifestação de intenção de recorrer dos licitantes depois que for declarado qual o vencedor da licitação. A manifestação da intenção de recorrer dos licitantes pode contribuir para redução dos prazos mínimos do procedimento licitatório. Afinal, caso nenhum licitante manifeste a sua intenção em recorrer, não será necessária a abertura do prazo de recurso. Ademais, o direito ao recurso é exercido em um único momento.

A Lei do Pregão reconhece, ainda, a fase preparatória como fase integrante do processo licitatório como um todo. Usualmente, divide-se o procedimento licitatório da Lei Federal nº 8.666/93 nas fases interna e externa. Observa-se que a fase preparatória corresponde à fase interna, pois é aquela em que é realizado o planejamento da licitação e são definidas as regras do instrumento convocatório. O encerramento da fase preparatória pode resultar em: inviabilidade de resultado satisfatório; cabimento da contratação direta; cabimento da licitação (JUSTEN FILHO, 2013, p. 226). A respeito do objetivo da fase preparatória, destaca-se:

> A fase preparatória destina-se a assegurar que a atuação administrativa pertinente à licitação e à contratação se desenvolva segundo critérios de legalidade, de conveniência, de razoabilidade e de proporcionalidade, mediante a utilização do conhecimento técnico-científico. (JUSTEN FILHO, 2013, p. 224)
>
> Será nula a licitação que não for antecedida de uma fase preparatória (JUSTEN FILHO, 2013, p. 225).

A observância dessa fase é, portanto, fundamental para validade e consequente efetividade do procedimento licitatório.

Outro ponto de destaque da Lei Federal nº 10.520/2002 é a aplicação da sanção de impedimento de participação em licitação. A Lei Federal nº 8.666/93 prevê que pela inexecução parcial ou total do contrato, a Administração pode aplicar "suspensão temporária de participação em licitação e impedimento de contratar com a Administração, por prazo não superior a 2 (dois) anos"

(BRASIL, 1993). A Lei do Pregão, por sua vez, determina que aquele que falhar ou fraudar na execução do contrato, ficará impedido de licitar e contratar com a União, Estados, Distrito Federal ou Municípios pelo prazo de até cinco anos (BRASIL, 2002). A esse respeito, a Escola Nacional de Administração Pública tem o seguinte entendimento:

> Nesse sentido, observa-se que houve uma mudança de 'filosofia' na nova modalidade, pois enquanto nas modalidades tradicionais predominava o controle prévio, com as exigências focadas nas formalidades; na modalidade Pregão houve a inversão dessa 'filosofia', flexibilizando as formalidades, mas impondo maior responsabilidade aos licitantes quanto ao cumprimento delas. Como contrapartida, no caso de descumprimento, a penalidade é mais gravosa. (BRASIL. Escola Nacional de Administração Pública, 2017, p.1, revisão módulo 3)

Visto os possíveis benefícios do pregão, destaca-se:

> A transparência propiciada pela realização da licitação através do pregão, ao tornar mais aberta e aferível a realização do certame licitatório, premia o princípio da moralidade em detrimento de conchavos que viessem a fraudar a livre concorrência. Esta é de longe a sua maior virtude, posto que atacasse aquela que é mazela das administrações públicas, a corrupção. (FERREIRA; CARVALHO; MORAES, 2013, p. 8)

A adoção do pregão como modalidade licitação propicia, portanto, muitos benefícios para a Administração Pública. Todavia, alguns autores destacam as possíveis desvantagens da sua aplicação. Assim, assinala-se:

> Vem tornando corriqueira a prática em que os participantes da licitação efetuam lances irresponsáveis, muitas vezes inexequíveis, visando a solicitação futura de um reequilíbrio econômico e financeiro, interferindo na isonomia do processo aquisitivo. Tornando-se mais tarde um problema para a administração pública, pois após todos os processos do Pregão, os quais demandaram tempo, recursos humanos e materiais, não conseguem adquirir o bem ou

> serviço, nas condições estabelecidas no edital do certame, pelo valor ofertado. (WOLFSTETTER, 2009 *apud* SOUZA, p. 11)

Critica-se, ainda, a definição pouco precisa para "bens e serviços comuns": aqueles cujos padrões de desempenho e qualidade possam ser objetivamente definidos pelo edital, por meio de especificações usuais no mercado (BRASIL, 1993). A respeito dessa conceituação legislativa, Marçal Justen Filho pontua que:

> A solução legislativa não foi a mais feliz. Deve interpretar-se com certa cautela a fórmula constante do parágrafo único do art. 1º da Lei nº 10.520 [...]. Ora, todo e qualquer objeto licitado tem obrigatoriamente de ser descrito objetivamente, por ocasião da elaboração do ato convocatório da licitação. Mesmo quando se licitar um bem ou serviço 'incomum', especial, singular, haverá a necessidade (e a possibilidade) de fixação de critérios objetivos de avaliação. (JUSTEN FILHO, 2005, p. 25)

Segundo Marçal Justen Filho (2005, p. 24), "o conceito de bem ou serviço comum pressupõe a existência de um objeto destituído de peculiaridades que demandem indagação sobre a habilitação do fornecedor". Assim, faz-se necessário ressaltar que a dificuldade de definição desse conceito não autoriza que a Administração aplique o pregão em hipótese em que não se configurar bem ou serviço comum (JUSTEN FILHO, 2005, p. 24).

Embora seja passível de críticas, conclui-se que a Lei nº 10.520/02 teve papel fundamental para modernização e redução do formalismo excessivo e da burocracia nos procedimentos de compra de bens e serviços comuns. O pregão é uma modalidade de licitação que contribui para o aumento da competitividade e da celeridade no setor público. Essa modalidade propicia ainda a economia na licitação. Pode-se concluir que as principais contribuições da Lei do Pregão são: possibilidade de inversão de fases; possibilidade de renovação de lances; possibilidade de negociação entre licitante e Administração; e a redução no prazo referente à manifestação de intenção de recorrer.

## 6.2 Lei do RDC

Instituído pela Lei Federal nº 12.462 em agosto de 2011, o Regime Diferenciado de Contratações (RDC) objetivava, inicialmente, a realização dos megaeventos esportivos de 2013, 2014 e 2016. Dessa forma, destaca-se que o seu contexto de criação teve papel fundamental para que os legisladores elaborassem mecanismos que propiciassem a celeridade do processo, mas sem perda de qualidade na entrega do objeto licitado. Com o passar do tempo, houve ampliação da sua aplicação[12].

A criação do Regime Diferenciado de Contratações se deu pela necessidade de reforma das normas gerais de licitação no país. Dessa forma, o RDC busca proporcionar mecanismos e procedimentos de licitação menos formalistas e com prazos menores. Marçal Justen Filho destaca que o novo regime é uma "experimentação legislativa", que objetiva a implementação gradual de um novo modelo de licitação (JUSTEN FILHO, 2012). Importante destacar que a adoção do RDC para os casos previstos na Lei nº 12.462/11 é discricionária.

Na sua concepção, o RDC tinha como enfoque a realização de obras e serviços de engenharia. Todavia, alterações na legislação permitiram que bens e serviços poderiam ser contratados com a utilização desse regime, desde que se enquadrem nas hipóteses previstas na Lei nº 12.462/11. Além de incorporar mecanismos

---

[12] A Lei nº 12.688/12 ampliou a aplicação do RDC para as ações integrantes do Programa de Aceleração do Crescimento (PAC). A Lei nº 12.745/12 ampliou a aplicação do RDC para as obras e serviços de engenharia no âmbito do Sistema Único de Saúde - SUS. A Lei nº 13.190/15 permitiu a aplicação do RDC para: obras e serviços de engenharia para construção, ampliação e reforma e administração de estabelecimentos penais e de unidades de atendimento socioeducativo; ações no âmbito da segurança pública; e obras e serviços de engenharia, relacionadas a melhorias na mobilidade urbana ou ampliação de infraestrutura logística. A Lei nº 13.243/16, por sua vez, ampliou a aplicação do RDC para as ações em órgãos e entidades dedicados à ciência, à tecnologia e à inovação.

introduzidos pela Lei Federal nº 10.520/02, o RDC apresentou muitos avanços e inovações para execução dos procedimentos licitatórios, sobretudo para o aumento da eficiência das compras públicas. Assim, nas próximas seções são identificadas e analisadas de forma pontual algumas tentativas de modernização que ocorreram com o Regime Diferenciado de Contratações.

### 6.2.1 Procedimento licitatório

A Lei Federal nº 12.462/11 introduziu um procedimento licitatório diferente do que é previsto na Lei Federal nº 8.666/93. Algumas mudanças e inovações do RDC merecem, portanto, destaque. Nesse sentido, serão analisadas as seguintes temáticas: fases da licitação; modos de disputa; e hipóteses de impedimento.

O Regime Diferenciado de Contratações prevê as seguintes fases para o processo licitatório: preparatória; publicação do edital de licitação; apresentação de propostas e lances; julgamento; habilitação; recursal; homologação. Assim, seguindo tendência introduzida pela Lei do Pregão, o RDC reconhece a fase preparatória como integrante do procedimento e adota como procedimento padrão a realização da habilitação após a fase de julgamento. Conforme destacado na seção anterior, a verificação da habilitação apenas do licitante vencedor contribui para celeridade do procedimento licitatório, o que aumenta a eficiência da licitação, e reduz a burocracia e o formalismo excessivo do procedimento.

O RDC introduziu os conceitos de modo de disputa fechado, modo de disputa aberto e lances intermediários. No modo de disputa fechado, o procedimento é similar ao que é previsto na Lei Federal nº 8.666/93, as propostas permanecem em sigilo até a data e hora designadas para sua divulgação. No modo de disputa aberto, os licitantes apresentam suas ofertas por meio de lances públicos e sucessivos, sendo possível a apresentação de lances intermediários. Assim, é permitido "o reinício da disputa aberta, após a definição da melhor proposta e para a definição das demais colocações, sempre que existir uma diferença de pelo menos 10% (dez por cento) entre o melhor lance e o do licitante subsequente" (BRASIL, 2011). Os lances intermediários podem ser "iguais ou inferiores ao maior já ofertado, mas superiores ao último lance dado pelo próprio licitante, quando adotado o julgamento pelo critério da maior oferta de preço" (BRASIL, 2011); ou "iguais ou superiores ao menor já ofertado, mas inferiores ao último lance dado pelo próprio licitante, quando adotados os demais critérios de julgamento" (BRASIL, 2011).

O modo fechado é mais adequado para aqueles contratos de maior complexidade (JUSTEN FILHO, 2013). O modo aberto, por sua vez, possui uma dinâmica competitiva. Os licitantes fazem lances sucessivos, o que contribui para a eficiência do procedimento licitatório, visto que o aumento da competitividade proporcionado contribui para seleção da oferta mais vantajosa para Administração. Todavia, como ponto negativo, o modo aberto aumenta o risco de propostas inexequíveis (JUSTEN FILHO, 2013).

O RDC prevê, ainda, a possibilidade de reinício da disputa aberta, o que contribui para seleção da proposta mais vantajosa e econômica para a Administração. O reinício da disputa aberta ocorre "após a definição da melhor proposta e para a definição das demais colocações, sempre que existir uma diferença de pelo menos 10% (dez por cento) entre o melhor lance e o do licitante subsequente" (BRASIL, 2011).

O RDC reproduz as hipóteses de impedimento de participação em licitação da Lei Federal nº 8.666/93. Como acréscimo importante, esse Regime conceitua que a participação indireta na licitação é caracterizada pela existência de qualquer vínculo de natureza técnica, comercial, econômica, financeira ou trabalhista entre o autor do projeto, pessoa física ou jurídica, e o licitante ou responsável pelos serviços, fornecimentos e obras" (BRASIL,

2011). Destaca-se que a caracterização da participação indireta em procedimentos licitatórios é um mecanismo importante para a moralidade, na medida em que auxilia o combate às fraudes. Todavia, embora tal caracterização seja positiva, observa-se que a verificação efetiva da participação indireta na licitação pode ser de difícil operacionalização.

Observa-se, portanto, que "o procedimento licitatório estabelecido pela Lei nº 12.462/11 não se confunde com aqueles estabelecidos pela legislação antes existente – notadamente as Leis nº 8.666 e 10.520" (PEREIRA, 2012, p. 1).

### 6.2.2 Procedimentos auxiliares

O RDC define que são procedimentos auxiliares das licitações: pré-qualificação permanente; cadastramento; sistema de registro de preços; e catálogo eletrônico de padronização. Pontua Justen Filho que "A finalidade dos procedimentos em questão consiste em reduzir a complexidade e ampliar a dinamicidade dos procedimentos licitatórios propriamente ditos" (2013, p. 498). Assim, a respeito dos procedimentos auxiliares, destaca-se:

> O procedimento auxiliar proporciona celeridade e eficiência, além de assegurar a seleção de proposta vantajosa, permitindo que o procedimento licitatório em si se desenvolva com muito mais velocidade, uma vez que os atos geradores de maiores controvérsias foram realizados no curso do procedimento auxiliar. (MENDES, 2014, p. 44)

Para Marçal Justen Filho, cada procedimento auxiliar previsto pelo RDC possui características específicas. Todavia, segundo o autor, é possível indicar vantagens em comum. Os procedimentos auxiliares produzem decisões que podem ser aproveitadas em procedimentos futuros, possibilitam a redução da complexidade da atividade administrativa e eliminam o risco de decisões contraditórias (JUSTEN FILHO, 2013).

Tendo em vista os conceitos de eficiência e moralidade administrativa abordados neste trabalho, serão apresentados e analisados abaixo os procedimentos auxiliares previstos pelo RDC.

A pré-qualificação é um mecanismo previsto pela Lei Federal nº 8.666/93 para modalidade de concorrência. Apenas licitantes pré-qualificados estão legitimados para participar da concorrência que prever tal mecanismo (JUTEN FILHO, 2012, p. 1084). Importante ressaltar entendimento do TCU, que estabelece que a pré-qualificação deve ser adotada apenas para objetos de maior complexidade ou com peculiaridades que exijam competências não usuais do futuro contratado (BRASIL. Tribunal de Contas da União, 2016).

Marçal Justen Filho define a pré-qualificação da seguinte forma:

> A pré-qualificação consiste na dissociação da fase de habilitação do restante do procedimento da concorrência. A Administração institui exigências especiais e excepcionalmente severas como requisito de participação em futura concorrência. Essas exigências envolvem a idoneidade financeira e a capacitação técnica, além dos requisitos comuns sobre capacidade jurídica e regularidade fiscal. Instaura-se um procedimento seletivo preliminar destinado a verificar o preenchimento de tais requisitos. (JUSTEN FILHO, 2012, p. 1083 e 1084)

Em outra obra, o mesmo autor afirma:

> A pré-qualificação permanente consiste em uma decisão administrativa de que um determinado licitante preenche requisitos genéricos e (ou) específicos de habilitação ou que um certo objeto apresenta qualidade mínima satisfatória para atender à necessidade administrativa. (JUSTEN FILHO, 2011, p. 1)

Embora a pré-qualificação permanente tenha como risco a redução do universo de licitantes, ela pode trazer ganhos para Administração, na medida em que "é possível adotar um procedimento administrativo centrado na disputa pelo preço, em que há maior certeza quanto à idoneidade do sujeito ou qualidade do produto" (JUSTEN FILHO, 2011, p. 4). Afinal, "a pré-qualificação dispensa a necessidade da avaliação de requisitos de habilitação ou de qualidade de um objeto no bojo de uma licitação determinada" (JUSTEN FILHO, 2013, p. 506), pois isso já foi realizado em um momento anterior. Além disso, a respeito dos benefícios da pré-qualificação permanente, observa-se que esse procedimento: "Produz efeitos para uma pluralidade de licitações e contratações futuras, o que implica em uma racionalização da atividade administrativa, ampliando sua eficácia e celeridade e reduzindo a burocracia" (MENDES, 2014, p. 45).

Embora o procedimento de pré-qualificação tenha vantagens para Administração Pública, a sua aplicação deve "ser acompanhada com toda a atenção para evitar desvios e abusos" (JUSTEN FILHO, 2011, p. 5). Afinal, "a pré-qualificação não pode ser utilizada para impor aos licitantes o cumprimento de exigências excessivas e desnecessárias" (JUSTEN FILHO, 2013, p. 507). Nesse sentido, destaca-se que os requisitos de pré-qualificação devem ser os mínimos necessários a garantir a satisfação das necessidades da Administração Pública, de forma que o universo de licitantes não fique muito limitado a ponto de mitigar a competição e conduzir à elevação de preços. Além disso, o procedimento deve ser destituído de burocracias e impedimentos (JUSTEN FILHO, 2011).

A previsão da pré-qualificação permanente como procedimento auxiliar configura, portanto, uma importante inovação do RDC. Nesse sentido, Justen Filho defende que a pré-qualificação "é um mecanismo útil para tornar o procedimento licitatório mais expedito e rápido, além de ampliar a segurança contratual da Administração Pública" (2011, p. 5).

O cadastramento "consiste em um banco de dados com informações sobre os requisitos de habilitação de potenciais fornecedores, que podem ser aproveitadas em diversas licitações, simplificando a atividade administrativa" (MENDES, 2014, p. 46).

"Usualmente, o cadastramento versa sobre os requisitos de habilitação jurídica, regularidade fiscal e qualificação econômico financeira" (JUSTEN FILHO, 2013, p. 506). Assim, o procedimento auxiliar de cadastramento é correspondente ao mecanismo de registro cadastral, previsto pela Lei Federal nº 8.666/93.

O Decreto Federal nº 7.581/2011, que regulamenta o Regime Diferenciado de Contratações Públicas, determina que os registros cadastrais devem ser feitos por meio do Sistema de Cadastramento Unificado de Fornecedores – SICAF. "O sujeito cadastrado recebe um documento denominado Certificado de Registro Cadastral – CRC, o qual pode ser por ele utilizado para fins de participação em licitações" (JUSTEN FILHO, 2013, p. 530).

Para Justen Filho "A grande utilidade do cadastramento consiste na desnecessidade de a documentação de habilitação de potenciais fornecedores ser apresentada em cada licitação" (2012, p. 528), a não ser que a documentação cadastrada esteja com prazo de validade vencido. Assim, ao promover a celeridade, o cadastramento contribui para eficiência do procedimento licitatório.

O Decreto Federal 7.892/13 define o Sistema de Registro de Preços (SRP) como um conjunto de procedimentos para registro formal de preços para contratações futuras. Os agentes estatais devem verificar se os preços no registro de preços são compatíveis com os praticados no mercado. Destaca-se que a existência de preços registrados não obriga a Administração a contratar. Nesse sentido, Marçal Justen Filho define:

> O SRP resulta de uma licitação. O particular formula uma proposta, obrigando-se a fornecer bens e serviços em condições predeterminadas. Essa proposta vincula o particular. Mas o resultado obtido também vincula o Poder Público. Não é gerada obrigação de contratar, mas o Poder Público está vinculado pelos termos do resultado da licitação. Deve respeitar as condições ali previstas e assume uma pluralidade de obrigações. (JUSTEN FILHO, 2013, p. 530)

O SRP deve ser utilizado quando a quantidade a ser adquirida e o seu período de fornecimento não são certos e determinados. Assim, o SRP é adequado para compras e serviços mais simples e rotineiros. Conforme destacado por Justen Filho, o SRP propicia a redução de formalidades, o que permite a contratação imediata, "tão logo identificada a existência de uma necessidade administrativa" (JUSTEN FILHO, 2013, p. 532). Ademais, o Sistema de Registro de Preços possui as seguintes vantagens: aumento da flexibilidade em contratações administrativas, redução dos gastos; simplificação administrativa; rapidez na contratação e otimização dos gastos. Tais vantagens reduzem os recursos financeiros e de tempo do procedimento, assim, contribuem para o aumento da sua eficiência.

É importante salientar, contudo, que o Sistema de Registro de Preços também possui suas desvantagens. Conforme explicado por Marçal Justen Filho, o SRP tem o risco de ser obsoleto, visto que pode ocorrer a defasagem entre os dados do registro e a realidade do mercado. Além disso, o SRP, ao se enquadrar em uma lógica de padronização, pode ser incompleto e com especificações que não atendem a necessidades específicas (JUSTEN FILHO, 2012). Sendo assim, é dever do agente público verificar a aceitabilidade dos preços unitários e máximos e avaliar, caso a caso, se a adoção do SRP é de fato o melhor mecanismo para contratação.

O catálogo eletrônico de padronização "consiste em sistema informatizado, de gerenciamento centralizado, destinado a permitir a padronização dos itens a serem adquiridos pela administração pública que estarão disponíveis para a realização de licitação" (BRASIL, 2011). Esse procedimento auxiliar pode ser adotado para licitações cujo critério de julgamento seja a oferta de menor preço ou de maior desconto.

A respeito da importância da padronização para Administração, destaca-se:

> Consagra-se a padronização como instrumento de racionalização da atividade administrativa, com redução de custos e otimização da aplicação de recursos. Significa que a padronização elimina variações tanto no tocante à seleção de produtos no momento da contratação como também na sua utilização, conservação, etc. (JUSTEN FILHO, 2012, p. 211)

Ademais, a padronização proporciona menor dispêndio de tempo e de esforços na ocasião da contratação, visto que a Administração já conhece as características técnicas da prestação (JUSTEN FILHO, 2012). Conforme observado por Marçal Justen Filho, a padronização não se aplica apenas a uma compra específica. Ao prever as futuras aquisições, a Administração deve considerar os produtos semelhantes que já integram o patrimônio público (JUSTEN FILHO, 2012).

Tendo em vista os benefícios da padronização, o catálogo eletrônico de padronização pode ser uma ferramenta para o planejamento da Administração Pública, o que contribui para a eficiência dos procedimentos licitatórios.

### 6.2.3 Critérios de julgamento

A Lei Federal nº 8.666/93 apresenta os tipos de licitação a serem adotados. O RDC, por sua vez, introduz um conceito de lógica similar denominado critério de julgamento. Destaca-se, contudo, que "o critério de julgamento será definido em vista do interesse a ser satisfeito pela Administração, e não apenas com base na natureza do objeto licitado" (NESTER, 2011, p. 1). Assim, na fase preparatória, o agente administrativo deve avaliar qual critério de julgamento irá proporcionar, de forma mais adequada, a seleção da proposta mais vantajosa para a Administração, tendo como parâmetro não só as características do objeto licitado, mas também o objetivo da licitação.

O RDC inova ao introduzir os critérios de maior desconto e maior retorno econômico. Além disso, esse regime acrescentou ao critério de melhor técnica a expressão "ou conteúdo artístico". Com relação a Lei Federal nº 8.666/93, o RDC traz, ainda, elementos mais concretos para identificação de quando o critério de técnica e preço deve ser utilizado. Esses mecanismos constituem um avanço, pois auxiliam na seleção adequada da "proposta mais vantajosa" para cada situação e objeto licitado.

O critério de maior desconto segue a lógica já existente na Lei Federal nº 8.666/93 de menor dispêndio: "O julgamento por maior desconto terá como referência o preço global fixado no edital de licitação" (BRASIL, 2017). Ou seja, "verifica-se o critério de maior desconto nos casos em que o edital estabelece que a remuneração do licitante será determinada por um abatimento a ser aplicado sobre um valor base" (JUSTEN FILHO, 2013, p. 351). Assim, esse critério "tem utilidade nos casos em que a Administração detiver informações consistentes acerca do custo da obra ou serviço, a ponto de fixá-lo com relativa precisão no edital" (NESTER, 2011, p. 3).

Pontua Nester que "Ao dispor sobre a melhor técnica, a Lei nº 12.462 acrescenta a expressão 'ou conteúdo artístico', especificando ainda mais a hipótese de cabimento e a forma de aplicação desse critério de julgamento" (2011, p. 5). A respeito desse critério, destaca-se:

> Isso se mostra relevante para as contratações relacionadas com os preparativos e cerimonias promovidas durante os eventos esportivos que motivaram a criação do RDC. A previsão limita a possibilidade de contratação de prestadores por inexigibilidade de licitação, pois admite que o conteúdo artístico seja objeto de valoração em certame licitatório próprio. (NESTER, 2011, p. 5)

O critério do maior retorno econômico deve ser aplicado apenas para situações em que for realizado o contrato de eficiência, ou seja, nas situações em que o valor da remuneração recebida está associado à economia gerada para Administração Pública. O contrato de eficiência tem como objeto a prestação de serviços, que pode incluir a realização de obras e o fornecimento de bens, com o objetivo de proporcionar economia ao contratante, na forma de redução de despesas correntes.

A introdução de novos critérios de julgamento revela, portanto, a intenção do legislador com o RDC em "viabilizar um mecanismo que permita à administração avaliar os custos diretos e indiretos da contratação, considerando seus impactos econômicos, ambientais e mesmo de manutenção e depreciação do bem" (JURKSAITIS, 2011, p. 2). Ademais, observa-se que o RDC oferece mecanismos para que a inadequação do critério de menor preço seja superada. Destaca-se que a seleção da proposta mais vantajosa para Administração depende da prévia definição do critério de julgamento a ser utilizado, para que o objeto licitado seja avaliado da forma mais adequada. Assim, a disciplina dos critérios de julgamento pela Lei do RDC incorporou regras destinadas a aperfeiçoar a identificação da melhor proposta (JUSTEN FILHO, 2013, p. 343).

### 6.2.4 Compras

O Regime Diferenciado de Contratações introduziu importantes possibilidades para o processo de compras públicas. Dentre elas, destaca-se a previsão de mecanismos para promoção do desenvolvimento sustentável e a previsão da contratação simultânea.

Observa-se que a eficiência das compras públicas está atrelada ao conceito de sustentabilidade. Afinal, "é dever da administração pautar suas ações em respeito ao interesse público, buscando atender aos anseios do presente sem comprometer a capacidade e o meio ambiente das gerações futuras" (FERREIRA, A., 2013, p. 17). Embora a Lei Federal nº 8.666/93 tenha o desenvolvimento nacional sustentável como um de seus objetivos, observa-se que os instrumento legais por ela instituídos são ineficazes para tal, visto que esse objetivo nem sempre é observado.

Assim, destaca-se que o Regime Diferenciado de Contratações trouxe avanços para a relação entre compras públicas e desenvolvimento sustentável:

> A Lei do RDC apresenta, expressa e claramente, conceitos, disposições e procedimentos relacionados à proteção do meio ambiente, não deixando margem para qualquer tipo de dúvida em relação à possibilidade de se exigir o cumprimento de requisitos ambientais para contratação com a Administração Pública. (RAMOS; THOMÉ, 2015, p. 15)

Objetivando o desenvolvimento sustentável do país, o RDC determina que nas licitações podem ser exigidos requisitos de sustentabilidade ambiental. Além disso, é estabelecido que critérios de sustentabilidade podem ser utilizados para determinação da remuneração variável[13] de obras e serviços.

A sustentabilidade nas compras públicas parte do pressuposto, portanto, que "a atividade contratual do Estado não se constitui apenas em instrumento para atender necessidades administrativas" (JUSTEN FILHO, 2013, p. 68). Assim, deve ser observado não só o desenvolvimento econômico, mas também o social.

O RDC também introduziu a possibilidade de contratação simultânea para serviços. Observa-se que para a contratação de mais de uma empresa para o mesmo serviço é necessário que o serviço seja dissociável em atividades distintas para que elas sejam compartilhadas. Na contratação simultânea não há a divisão do serviço, mas o seu compartilhamento. Tal compartilhamento constituí um mecanismo importante, pois contribui para celeridade do processo licitatório.

---

13 "A contratação com remuneração variável consiste numa avença em que o particular assume a obrigação de executar obra ou serviço (inclusive de engenharia) de acordo com parâmetros mínimos de desempenho, com a possibilidade de variação da remuneração em vista da qualidade da prestação executada e nos termos da disciplina contratual" (JUSTEN FILHO, 2013, p. 206 e 207).

A contratação simultânea só pode ser realizada quando não implicar em perda de economia de escala e consequente perda de eficiência econômica (JUSTEN FILHO, 2013). Segundo Fernão Justen de Oliveira, o conceito de economia de escala envolve a relação de proporcionalidade inversa entre quantitativo e custo (OLIVEIRA, 2017). A eficiência econômica, por sua vez, relaciona-se com os custos financeiros do procedimento. Sendo assim, em cada caso concreto, a Administração Pública deve avaliar na fase interna a eficiência econômica do modelo contratual, de forma a determinar se a adoção da contratação simultânea é adequada (JUSTEN FILHO, 2013).

### 6.2.5 Regimes de contratação

A Lei Federal nº 8.666/93 estabelece que as obras e serviços podem ser executados de forma direta ou indireta. A execução direta é aquela "feita pelos órgãos e entidades da Administração, pelos próprios meios" (BRASIL, 1993). Na execução indireta, podem ser adotados os seguintes regimes: empreitada por preço global; empreitada por preço unitário; tarefa; empreitada integral. O RDC inovou ao permitir, além desses regimes, a contratação integrada para obras e serviços.

A empreitada por preço unitário deve ser adotada quando se contrata a execução da obra ou do serviço por preço certo de unidades determinadas. A empreitada por preço global deve ser adotada quando se contrata a execução da obra ou do serviço por preço certo e total. A contratação por tarefa é aquela contratação de mão de obra para pequenos trabalhos por preço certo, com ou sem fornecimento de material.

A empreitada integral é a contratação de empreendimento em sua integralidade, com todas as etapas de obras, serviços e instalações necessárias, sob inteira responsabilidade da contratada. A contratação integrada, por sua vez, é aquela que envolve a elaboração e o desenvolvimento dos projetos básico e executivo, a execução de obras e serviços de engenharia, a montagem, a realização de testes, a pré-operação e as demais operações necessárias e suficientes para a entrega final do objeto.

É possível observar similaridades entre os regimes de empreitada integral e contratação integrada. Nesse sentido, Reisdorfer defende:

> O ponto comum entre os regimes de empreitada integral e de contratação integrada, como se vê, consiste no propósito comum de conferir uma margem de autonomia mais ampla ao particular em relação à concepção da prestação a ser executada. (REISDORFER, 2011, p. 2)

O mecanismo da contratação integrada no RDC é similar ao que é previsto no Regulamento do Procedimento Licitatório Simplificado da Petróleo Brasileiro S.A. – PETROBRAS:

> Sempre que economicamente recomendável, a PETROBRÁS poderá utilizar-se da contratação integrada, compreendendo realização de projeto básico e/ou detalhamento, realização de obras e serviços, montagem, execução de testes, pré-operação e todas as demais operações necessárias e suficientes para a entrega final do objeto, com a solidez e segurança especificadas. (BRASIL, 1998)

A contratação integrada surgiu a partir do insucesso da Administração Pública em elaborar projetos, ou seja, da fragilidade da elaboração dos projetos básico e executivo. Assim, fica a cargo da empresa contratada a elaboração desses projetos. A respeito dos benefícios da contratação integrada, destaca- se:

> O regime visa à plena eficiência na contratação ao admitir que a Administração se beneficie da *expertise* técnica do contratado, e ao mesmo tempo lhe transfira (em termos) os riscos associados às respectivas escolhas, os quais serão remunerados pela taxa de risco projetada no orçamento, lastreada na correspondente matriz contratual. (BICALHO, 2016, p. 1)

Nesse sentido, Reisdorfer acrescenta:

> Em termos financeiros, a alocação dos riscos de projeto ao particular confere maior estabilidade à Administração. Como regra geral,

> no caso de necessidade de revisão de projetos, ela não terá de assumir a responsabilidade pelos custos decorrentes. (REISDORFER, 2011, p. 5)

Embora a possibilidade de contratação integrada possa trazer benefícios para Administração, o regime sofre algumas críticas:

> A grande crítica a essa nova modalidade contratual é a ausência de projeto básico na licitação que a antecede. O argumento é o de que a falta do projeto básico inviabilizaria um julgamento objetivo das propostas e impossibilitaria a fiscalização dos trabalhos, uma vez celebrado o contrato. (JURKSAITIS, 2011, p. 2)

A respeito da contratação integrada, pode-se concluir:

> É imperativo, repita-se, demonstrar de modo objetivo que a contratação integrada permite atingir um ajuste contratual mais vantajoso. O desafio que se põe é o de compatibilizar as contratações integradas com a segurança e vias de controle necessárias para o acompanhamento da execução do contrato por parte da Administração Pública. (REISDORFER, 2011, p. 6)

Assim, de forma a minimizar os riscos da contratação, o Regime Diferenciado de Contratações limita a adoção do regime de contratação integrada. Segundo o RDC, a utilização da contratação integrada deve ser justificada técnica e economicamente por, pelo menos, uma das seguintes condições: inovação tecnológica ou técnica; possibilidade de execução com diferentes metodologias; ou possibilidade de execução com tecnologias de domínio restrito no mercado.

### 6.2.6 Remuneração variável

Na Lei Federal nº 8.666/93, a realização do pagamento da remuneração está vinculada ao cumprimento de um padrão mínimo de qualidade estabelecido pela Administração. O Regime Diferenciado de Contratações, por sua vez, possibilita o pagamento com remuneração variável. Na remuneração variável existe a seguinte lógica:

> [...] a superação da qualidade mínima atribuirá ao particular uma remuneração proporcional ao índice de qualidade atingido, ou seja, uma contrapartida devida a uma atuação superior ao exigível, tratando-se de claro incentivo a excelência, fomentando a busca por uma maior qualidade, e consequentemente por um maior benefício à Administração. (MENDES, 2014, p. 39)

Destaca-se, ainda, que:

> A contratação com remuneração variável é adequada quando o interesse da Administração é satisfeito mediante uma prestação de qualidade superior, sem que isso signifique a ausência de vantagem se a prestação tiver qualidade inferior (desde que respeitado um nível mínimo). (JUSTEN FILHO, 2013, p. 208)

A remuneração variável é um mecanismo para a eficiência do procedimento licitatório, na medida em que "configura um incentivo à excelência" (JUSTEN FILHO, 2013, p. 209), ou seja, incentiva a prestação de um serviço de qualidade.

### 6.2.7 Sigilo do orçamento estimado

O RDC introduz, ainda, a possibilidade de sigilo do orçamento (Art. 6º, §3º, Lei Federal nº 12.462/11). Importante ressaltar que "a Lei nº 12.462 não alterou a obrigação de elaboração do orçamento estimado pela Administração, apenas o regime de sua divulgação" (CARDOSO, 2011, p. 2). Assim, conforme entendimento do TCU, a elaboração do orçamento base após a publicação do edital, mesmo quando a Administração optar por sigilo do orçamento, constitui descumprimento do que é estabelecido pelo RDC (BRASIL. Tribunal de Contas da União, 2015).

A possibilidade de sigilo do orçamento foi concebida como uma forma de incentivo à competição no procedimento licitatório. Nesse sentido, Marçal Justen Filho explica:

> Reputou-se que a divulgação do valor do orçamento estimado teria um efeito de desincentivo para a competição. Segundo esse enfoque, os possíveis interessados balizariam as suas propostas pelo valor do orçamento estimado. Isso significaria que as propostas

> apresentariam valor superior ao possível. A ausência de divulgação do orçamento estimado conduziria os licitantes a apresentar propostas mais compatíveis com seus custos efetivos. Ademais, a previsão da desclassificação das ofertas de valor superior ao orçamento configuraria um incentivo a que o particular apresentasse a menor proposta possível. (JUSTEN FILHO, 2013, p. 114)

O sigilo do orçamento na licitação é, contudo, controverso. Marçal Justen Filho entende que a publicidade prévia do orçamento estimado pela Administração Pública não compromete necessariamente a competitividade do processo:

> A existência de um parâmetro estabelecido pela Administração não afeta a formulação da proposta precisamente porque os diversos licitantes buscarão obter a vitória por meio do oferecimento da maior vantagem possível ao poder público. (JUSTEN FILHO, 2013, p. 114-115)

Diz também a esse respeito:

> Somente seria imaginável que o valor do orçamento apresentaria um efeito de limitação da competição na medida em que existisse um acordo antijurídico entre os licitantes. Nesse caso, as ofertas seriam artificialmente limitadas e existiria uma predeterminação quanto ao licitante vencedor. O consenso entre os licitantes e o valor das propostas apresentadas refletiria esse acordo ilegal. Em tais casos, poder-se-ia imaginar que os licitantes imporiam um preço superior ao orçamento estimado da Administração. (JUSTEN FILHO, 2012, p. 115)

Há, ainda, a visão de que a previsão do sigilo do orçamento fere o princípio da publicidade. Todavia, entende-se que "o princípio da publicidade pode sofrer mitigações diante de situações que envolvam a proteção ou busca da realização de outros valores igualmente protegidos constitucionalmente" (CARDOSO, 2011, p. 4). Além disso, existe o seguinte entendimento:

> O fato de o regime instituído pela Lei nº 8.666/93 ter consagrado a necessidade de divulgação prévia e ampla do orçamento estimado pela Administração, juntamente com o ato convocatório da

licitação, não significa que determinada lei regulando modalidades diversas de licitação não possa instituir disciplina diversa a respeito do assunto. (CARDOSO, 2011, p. 4)

A possibilidade de sigilo do orçamento é, portanto, um mecanismo que pode aumentar a eficiência do procedimento licitatório, na medida em que incentiva o aumento da competitividade.

### 6.2.8 Sanções administrativas

Para Justen Filho "A conduta do particular, que configure violação à disciplina legal, regulamentar ou contratual, acarreta a incidência de sanções" (2013, p. 664). Assim, a Lei Federal nº 8.666/93 "prevê quatro espécies de sanções administrativas para as condutas reprováveis praticadas por particulares durante as licitações e as execuções de contratos administrativos" (JUSTEN FILHO, 2013, p. 667), sendo elas: advertência, multa, suspensão do direito de licitar e contratar, e declaração de inidoneidade.

Sobre a primeira delas – advertência –, diz o multicitado autor que "é uma explícita determinação da Administração no sentido de que o particular se abstenha de promover uma prática reprovável e que corrija os defeitos de sua conduta". A multa, por sua vez, busca "coibir a prática de uma conduta" (JUSTEN FILHO, 2013, p. 667).

A partir da interpretação da Lei Federal nº 8.666/93, entende-se que na suspensão do direito de licitar e contratar o licitante fica suspenso de contratar, por um período máximo de dois anos, com determinado órgão ou entidade contratante (Administração). Na declaração de inidoneidade, o licitante não pode contratar com todo conjunto de sujeitos, órgãos e entidades que exercitam a atividade administrativa do Estado, ou seja, com a Administração Pública como um todo (JUSTEN FILHO, 2013). Assim, a abrangência da sanção de declaração de inidoneidade é maior do que a da sanção de suspensão do direito de licitar e contratar:

> A declaração de inidoneidade produziria efeitos externos ao relacionamento entre o particular e o sancionado e a entidade sancionante, enquanto a suspensão do direito de licitar e contratar teria efeitos restritos ao relacionamento entre a entidade sancionante e o particular punido. (JUSTEN FILHO, 2013, p. 668)

Destaca-se que a Lei do Pregão "afastou a aplicação das sanções de suspensão de direito de licitar e de declaração de inidoneidade" (JUSTEN FILHO, 2013, p. 668). Esta lei criou o mecanismo de impedimento de licitar e contratar, que pode ser aplicado em determinadas situações para o prazo de até cinco anos. O RDC incorporou esse mecanismo de sanção. Além disso, a Lei Federal nº 12.462/11 determina que o regime sancionatório previsto na Lei Federal nº 8.666/93 deve ser aplicado no RDC.

Nesse sentido, observa-se que ao tentar propiciar mecanismos de controle e aumento da moralidade no procedimento licitatório, o RDC faz uma acumulação de sanções similares, sendo elas: suspensão do direito de licitar e contratar, declaração de inidoneidade, e impedimento de licitar e contratar.

### 6.2.9 Convocação de licitantes remanescentes

A Lei Federal nº 8.666/93 prevê que é possível convocar os licitantes remanescentes nas seguintes situações: quando o convocado não assinar o termo de contrato; quando o convocado não aceitar ou retirar o instrumento equivalente no prazo e condições estabelecidas. Além disso, a Lei Geral de Licitações prevê a possibilidade de dispensa de licitação para "contratação de remanescente de obra, serviço ou fornecimento, em consequência de rescisão contratual, desde que atendida a ordem de classificação da licitação anterior e aceitas as mesmas condições oferecidas pelo licitante vencedor, inclusive quanto ao preço, devidamente corrigido" (BRASIL, 1993).

O RDC incorpora essas possibilidades em que a Administração pode convocar os licitantes remanescentes, na ordem de classificação, para a celebração do contrato nas condições ofertadas pelo licitante vencedor. Como acréscimo, enquanto a Lei Federal 8.666/93 prevê uma convocação única dos licitantes remanescentes, o RDC permite uma segunda rodada de convocação na ordem de classificação: caso nenhum dos licitantes remanescentes convocados aceitar as condições estabelecidas, a administração pública pode convocar os licitantes remanescentes para a celebração do contrato nas condições ofertadas por estes, desde que o respectivo valor seja igual ou inferior ao orçamento estimado para a contratação (BRASIL, 2011).

A respeito da importância desse mecanismo, observa-se:

> Os dispositivos da Lei nº 12.462 sobre a convocação dos licitantes remanescentes, no caso de o licitante vencedor se recusar a contratar ou de não executar o contrato integralmente, acompanham o intento de preservar os postulados de vantajosidade, idoneidade, eficiência, celeridade, competitividade, que são intensamente estimulados por uma verdadeira nova modalidade de licitação. (OLIVEIRA, 2012, p. 1)

Finda a discussão acerca dos mecanismos do Regime Diferenciado de Contratações, na próxima seção são apresentados os procedimentos previstos pela Lei Federal nº 13.303/16, assim como as inovações por ela introduzidas.

# 7
# LEI DAS ESTATAIS

A CF/88 prevê a possibilidade de regulamento próprio que disponha sobre a realização de licitações para as sociedades de economia mista e de suas subsidiárias que explorem atividade econômica de produção ou comercialização de bens ou de prestação de serviços. A Lei Geral de Licitações, por sua vez, prevê a aplicação do mesmo regime jurídico para todas as entidades da Administração Pública, inclusive para as sociedades de economia mista e empresas públicas. Para as estatais sem regulamento próprio, isto constituía um problema, pois elas possuem personalidade jurídica de direito privado e possuem características específicas. Assim, as suas particularidades deveriam ser observadas na regulamentação das suas aquisições de bens e serviços.

A Lei Federal nº 13.303, de junho de 2016, denominada Lei das Estatais, regula o art. 173, §1º da CF/88 ao dispor sobre o estatuto jurídico de empresas públicas e sociedades de economia mista. Até a sua publicação, era permitida a adoção do procedimento licitatório simplificado para as empresas públicas PETROBRAS e ELETROBRAS.

A Lei Federal nº 9.478 de 1997, também conhecida como Lei do Petróleo, ao instituir a Agência Nacional do Petróleo, determinava que os contratos celebrados pela empresa estatal PETROBRAS, para aquisição de bens e serviços, seriam precedidos por procedimento licitatório simplificado, a ser definido em decreto (BRASIL, 1997). Com a Lei nº 11.943, de 2009, o procedimento licitatório simplificado também foi permitido para ELETROBRAS.

Justifica-se a adoção do processo simplificado pela necessidade de agilidade para o desenvolvimento de atividades em compatibilidade com o sistema de livre concorrência adotado a partir de 1997 (Portal da PETROBRAS, 2014). A respeito dos benefícios do regime simplificado para as empresas estatais, Fernanda Mazega Figueredo destaca:

> Esse regime simplificado possibilita evitar a sujeição dessas empresas ao rigor da Lei 8.666/93, que exige custos vultosos e bastante tempo para concluir as contratações, o que atrasa a dinamicidade das relações privadas. Tendo em vista que elas estão inseridas no setor privado, pretende-se com essa possibilidade que cheguem ao mesmo patamar competitivo de suas concorrentes. (FIGUEREDO, 2009, p. 1)

O Regulamento do procedimento simplificado da PETROBRAS foi aprovado em 1998 pelo Decreto Federal nº 2.745. Embora tenha inovado em alguns aspectos, esse regulamento reproduz alguns dispositivos da Lei Federal nº 8.666/96. Nesse sentido, destaca-se:

> Apesar da controversa constitucionalidade do Regulamento Simplificado da Petrobras, o mesmo apresenta grandes similaridades à Lei 8.666/93, como o respeito aos princípios licitatórios (item 1.2), a necessidade de projeto básico (item 1.3), vedação ao caráter competitivo (item 1.8), a existência das mesmas modalidades de licitação (3.1), processamento da licitação (item 5), julgamento (item 6), alterações contratuais (item 7.2), sanções ao contratado por inexecução contratual (item 7.3), rescisão contratual (7.3.1) e alienação (Capítulo VIII). (ROSA, 2013, p. 53)

O Tribunal de Contas da União e o Supremo Tribunal Federal não entraram em consenso acerca da constitucionalidade da possibilidade de adoção do procedimento simplificado de contratação para as estatais (FIGUEREDO, 2009). Assim, destaca-se a importância da Lei Federal nº 13.303/16 para regulamentação da situação.

A publicação da Lei Federal nº 13.303/16 foi de grande importância para o reconhecimento das particularidades das sociedades de economia mista e empresas públicas, conforme destacado por Marçal Justen Filho:

> A Lei 13.303 se orienta no sentido da extinção da uniformidade e da padronização da disciplina das licitações e contratações das Estatais. Será possível que cada Empresa Estatal implante concepções licitatórias e contratuais compatíveis com as suas características de atuação. (JUSTEN FILHO, 2016/2017, p. 1)

Importante ressaltar, ainda, que a Lei das Estatais foi elaborada em um contexto de busca pela moralização da atividade administrativa, assim como pelo combate à corrupção e pelo aumento da eficiência das compras públicas das estatais. Assim, serão identificados e analisados de forma pontual os mecanismos da Lei Federal nº 13.303/16 que vão ao encontro de tal contexto.

O procedimento licitatório estabelecido pela Lei das Estatais (Lei Federal nº 13.303/16) segue a tendência de muitas das inovações introduzidas pela Lei do Pregão (Lei Federal nº 10.520/02) e pelo Regime Diferenciado de Contratações (Lei Federal nº 12.462/11). Todavia, ressalta-se que a Lei Federal nº 13.303/16 apresenta o procedimento licitatório de forma geral, e determina que as empresas públicas e sociedades de economia mista devem publicar regulamento interno de licitações e contratos que apresente regras específicas. Nesse sentido, Marçal Justen Neto comenta:

> A edição da Lei 13.303 é uma excelente oportunidade para as empresas estatais adaptarem as condutas e a gestão conforme as especificidades de sua atuação. Este é o propósito da nova Lei: conferir maior autonomia aos gestores em relação ao regime engessado e burocrático da Lei 8.666, em decorrência da distinção constitucional entre os regimes de contratação da administração direta e das empresas estatais. (JUSTEN NETO, 2017, p. 1)

Embora a Lei das Estatais tenha incorporado as inovações do RDC, observa-se que ela introduziu mais algumas modificações no procedimento licitatório. Para as empresas públicas e sociedades de economia mista, o valor em que a licitação para obras e serviços de engenharia é dispensável passou de R$15.000 para R$100.000. Para outros serviços, os valores passaram de R$8.000 para R$50.000. Justifica-se tal elevação pelos seguintes argumentos: os valores da Lei Federal nº 8.666/93 estavam desatualizados[14]; e por explorarem atividade econômica, as empresas públicas e sociedades de economia mista deveriam ter maior autonomia na realização das suas aquisições.

Importante pontuar que a Lei das Estatais estabelece que os valores de dispensa podem ser alterados, para refletir a variação de custos, por deliberação do Conselho de Administração da empresa pública ou sociedade de economia mista, admitindo-se valores diferenciados para cada sociedade (BRASIL, 2016). Assim, em virtude de elevação dos preços (inflação), os valores de dispensa podem ser revistos.

Além disso, a Lei Federal nº 13.303/16 inclui que uma das finalidades da licitação é evitar operações em que há o sobrepreço ou superfaturamento. O sobrepreço é caracterizado por preços expressivamente superiores aos preços referenciais de mercado (BRASIL, 2016). O superfaturamento, por sua vez, ocorre quando houver dano ao patrimônio da empresa pública ou sociedade de economia mista (BRASIL, 2016). Tendo em vista tais definições e a conceituação apresentada anteriormente do fenômeno da corrupção, nota-se que o sobrepreço e o superfaturamento são

---

[14] A Lei Federal nº 8.666/93 prevê no art. 120 que os seus valores podem ser revistos anualmente pelo Poder Executivo Federal, desde que seja observado como limite superior a variação geral dos preços de mercado (BRASIL, 1993). Todavia, desde 1998, com a Lei Federal nº 9.648, os valores não foram modificados. Assim, conforme destacado em justificativa do PLS nº 11 de 2016, os valores para dispensa de licitação por valor da contratação previstos pela Lei Federal nº 8.666/93 estão extremamente defasados.

ocorrências características da corrupção no setor público. Assim, ao definir a necessidade de se evitar as situações com sobrepreço ou superfaturamento, observa-se a ênfase da Lei das Estatais em promover o combate à corrupção nas compras públicas.

Com relação à Lei Federal nº 8.666/93, a Lei das Estatais amplia as possibilidades em que há impedimento de participação da licitação. A Lei Geral de Licitações define as seguintes hipóteses de impedimento:

> Art. 9º Não poderá participar, direta ou indiretamente, da licitação ou da execução de obra ou serviço e do fornecimento de bens a eles necessários:
>
> I – o autor do projeto, básico ou executivo, pessoa física ou jurídica;
>
> II – empresa, isoladamente ou em consórcio, responsável pela elaboração do projeto básico ou executivo ou da qual o autor do projeto seja dirigente, gerente, acionista ou detentor de mais de 5% (cinco por cento) do capital com direito a voto ou controlador, responsável técnico ou subcontratado;
>
> III – servidor ou dirigente de órgão ou entidade contratante ou responsável pela licitação. (BRASIL, 1993)

A Lei Federal nº 13.303/16, por sua vez, restringe também a participação de empresa:

> [...]
>
> IV – constituída por sócio de empresa que estiver suspensa, impedida ou declarada inidônea;
>
> V – cujo administrador seja sócio de empresa suspensa, impedida ou declarada inidônea;
>
> VI – constituída por sócio que tenha sido sócio ou administrador de empresa suspensa, impedida ou declarada inidônea, no período dos fatos que deram ensejo à sanção;
>
> VII – cujo administrador tenha sido sócio ou administrador de empresa suspensa, impedida ou declarada inidônea, no período dos fatos que deram ensejo à sanção;

> VIII – que tiver, nos seus quadros de diretoria, pessoa que participou, em razão de vínculo de mesma natureza, de empresa declarada inidônea.
>
> Parágrafo único. Aplica-se a vedação prevista no caput:
>
> I – à contratação do próprio empregado ou dirigente, como pessoa física, bem como à participação dele em procedimentos licitatórios, na condição de licitante;
>
> II – a quem tenha relação de parentesco, até o terceiro grau civil, com:
>
> a) dirigente de empresa pública ou sociedade de economia mista;
>
> b) empregado de empresa pública ou sociedade de economia mista cujas atribuições envolvam a atuação na área responsável pela licitação ou contratação;
>
> c) autoridade do ente público a que a empresa pública ou sociedade de economia mista esteja vinculada.
>
> III – cujo proprietário, mesmo na condição de sócio, tenha terminado seu prazo de gestão ou rompido seu vínculo com a respectiva empresa pública ou sociedade de economia mista promotora da licitação ou contratante há menos de 6 (seis) meses. (BRASIL, 2016)

O rigor da Lei das Estatais ao apresentar mais hipóteses de impedimento na participação nas licitações pode ser avaliado como uma forma de minimizar as possibilidades de fraudes e de vantagens indevidas para os licitantes. Todavia, importante destacar que o controle e verificação de tais características pode ser de difícil operacionalização, visto que não existe um banco de informações consolidado que possa auxiliar nesse controle.

A Lei Federal nº 13.303/16 possui um ordenamento de fases do processo licitatório semelhante ao RDC. Como inovação, a Lei das Estatais determina que após o julgamento devem ocorrer as fases de verificação da efetividade dos lances e negociação. Destaca-se que o RDC prevê a possibilidade de negociação, mas não a inclui como fase formal, pois a sua realização não é obrigatória.

Na fase de verificação da efetividade dos lances é feita a desclassificação das propostas ou lances que:

> [...]
>
> I – contenham vícios insanáveis;
>
> II – descumpram especificações técnicas constantes do instrumento convocatório;
>
> III – apresentem preços manifestamente inexequíveis;
>
> IV – se encontrem acima do orçamento estimado para a contratação de que trata o § 1o do art. 57, ressalvada a hipótese prevista no caput do art. 34 desta Lei;
>
> V – não tenham sua exequibilidade demonstrada, quando exigido pela empresa pública ou pela sociedade de economia mista;
>
> VI – apresentem desconformidade com outras exigências do instrumento convocatório, salvo se for possível a acomodação a seus termos antes da adjudicação do objeto e sem que se prejudique a atribuição de tratamento isonômico entre os licitantes. (BRASIL, 2016)

Assim como o RDC, a Lei das Estatais prevê a adoção dos modos de disputa aberto e fechado e a combinação de ambos. O RDC define que a forma de combinação dos modos de disputa deve ser definida em regulamento. A Lei Federal nº 13.303/16, por sua vez, não estipula a forma de combinação dos modos.

A Lei Federal nº 13.303/2016 prevê os mesmos procedimentos auxiliares do RDC: pré-qualificação permanente, cadastramento, sistema de registro de preços e catálogo eletrônico de padronização. Assim, observa-se que a Lei das Estatais segue a tendência de redução da complexidade da atividade administrativa e promoção da celeridade no procedimento licitatório.

Além dos critérios de julgamento previstos pelo RDC, a Lei Federal nº 13.303/2016 introduziu como critério a melhor destinação de bens alienados[15]. Para a utilização desse critério, é

---

[15] A alienação de bens da Administração Pública, ou seja, a transferência de domínio de bens a terceiros, é subordinada à existência de interesse público (BRASIL, 1993).

estabelecido que deverá ser obrigatoriamente considerada a repercussão, no meio social, da finalidade para cujo atendimento o bem será utilizado pelo adquirente (BRASIL, 2016). A Lei das Estatais não apresenta, contudo, parâmetros específicos para aplicação do critério da melhor destinação de bens alienados. Assim, cada empresa estatal deve defini-los em regulamento próprio.

Assim como o Regime Diferenciado de Contratações, a Lei Federal nº 13.303/16 prevê a promoção da sustentabilidade nas compras. A Lei das Estatais determina que as empresas públicas e as sociedades de economia mista devem "adotar práticas de sustentabilidade ambiental e de responsabilidade social corporativa compatíveis com o mercado em que atuam" (BRASIL, 2016). A adoção de práticas sustentáveis tem como objetivo "alocação socialmente eficiente dos recursos geridos pela empresa pública e pela sociedade de economia mista" (BRASIL, 2016). Assim, embora a Lei das Estatais não especifique detalhadamente tais práticas, a sua previsão na legislação é positiva. Além disso, assim como o RDC, a Lei das Estatais estabelece que critérios de sustentabilidade podem ser utilizados para determinação da remuneração variável de obras e serviços. Visto que a Lei Federal nº 13.303/16 não especifica os critérios de sustentabilidade a serem adotados, cada empresa estatal deverá defini-los.

Além dos regimes de contratação previstos pelo RDC, a Lei Federal nº 13.303/16 permite a possibilidade de adoção do regime de contratação semi-integrada. Enquanto a contratação integrada deixa a cargo do contratante a elaboração e desenvolvimento do projeto básico e do executivo, a contratação semi-integrada determina que a Administração deve elaborar o projeto básico e o contratado deve ficar responsável pela elaboração e desenvolvimento do projeto executivo. Assim, o mecanismo da contratação semi-integrada é o meio termo entre o que é previsto na Lei Federal nº 8.666/93 e o que o RDC permite.

No modelo de contratação semi-integrada o projeto básico pode ser alterado[16], desde que demonstrada a superioridade das inovações em termos de redução de custos, de aumento da qualidade, de redução do prazo de execução e de facilidade de manutenção ou operação. Essa flexibilização objetiva a eficiência da licitação.

Assim como o RDC, a Lei Federal nº 13.303/16 permite a aplicação de remuneração variável e o sigilo do orçamento estimado.

A hipótese de sanção que resulta no impedimento de contratar prevista na Lei Federal nº13.303/16 é a mesma daquela prevista na Lei Federal nº 8.666/93: suspensão temporária de participação em licitação e impedimento de contratar com a entidade sancionadora, por prazo não superior a 2 (dois) anos.

Observa-se que a Lei Federal nº 13.303/16 objetiva o aumento da discricionariedade dos agentes das estatais, para que as suas particularidades sejam atendidas, mas sem que a moralidade do procedimento licitatório seja comprometida. Pode-se concluir que, ao incorporar mecanismos do RDC e da Lei do Pregão, a Lei Federal nº 13.303/16 segue a tendência atual de promoção da eficiência, mediante mecanismos que contribuem para celeridade, flexibilização e economicidade do procedimento licitatório.

---

16 O Regime Diferenciado de Contratações não prevê o possibilidade de alteração do projeto básico para nenhum regime de contratação.

# 8

# INOVAÇÕES NAS COMPRAS PÚBLICAS CONFORME PL Nº 6.814/17

Mesmo com as inovações da Lei do Pregão, do Regime Diferenciado de Contratações e da Lei das Estatais, persiste a necessidade de uma ampla reforma da Lei de Licitações. Em dezembro de 2016, o Senado aprovou um projeto de lei que objetiva essa reforma, PLS 559/13, que deu origem ao Projeto de Lei nº 6.814/17. Objetivando a resolução de gargalos da Lei Federal nº 8.666/93, o projeto consolida as regras e inovações do RDC e do Pregão, além de trazer novas regras. Assim, caso aprovado, o PL nº 6.814/17 irá revogar as Leis Federais nº 8.666/93; nº 12.462/11 e nº 10.520/02. No que diz respeito à sua aplicação, o PL nº 6.814/17 define:

> Art. 2º Esta Lei se aplica a:
>
> I – alienação e concessão de direito real de uso de bens;
>
> II – compra, inclusive por encomenda;
>
> III – locação;
>
> IV – concessão e permissão de uso de bens públicos;
>
> V – prestação de serviços, inclusive os técnico-profissionais especializados;
>
> VI – aquisição e locação de bens e contratação de serviços de tecnologia da informação e de comunicação;
>
> VII – obras e serviços de engenharia. (BRASIL, 2017)

Destaca-se que o PL nº 6.814/17 não revoga a Lei Federal nº 13.303/16. Assim, no que diz respeito a compras e contratações públicas, empresas públicas e sociedades de economia mista continuam com regulamento próprio.

O PL nº 6.814/17, que teve como origem o PLS 559/2013, foi apresentado na Câmara dos Deputados em fevereiro 2017. Desde janeiro de 2018, há uma intensificação das atividades legislativas referentes ao projeto de lei. No que diz respeito à tramitação do projeto, destaca-se o requerimento, por parte de deputados, de audiências públicas para debate do PL e a subsequente aprovação desses requerimentos. Além disso, ressalta-se a intenção do relator da comissão especial que analisa o projeto da nova Lei de Licitações, deputado João Arruda, em apresentar seu parecer até maio de 2018 (CÂMARA DOS DEPUTADOS, 2018). Assim, nota-se a importância da discussão e análise da proposta de uma nova Lei de Licitações.

A análise do PL nº 6.814/17 será realizada tendo em vista a necessidade de superação dos gargalos identificados na Lei Federal nº 8.666/93, e a temática de eficiência e combate à corrupção. Ademais, serão identificados os procedimentos de legislações passadas que foram incorporados pelo PL nº 6.814/17, assim como as inovações por ele introduzidas. Tal qual a análise da legislação vigente referente às compras públicas, anteriormente apresentada, será utilizada a caracterização dos mecanismos de aumento da eficiência e combate à corrupção que foi elaborada a partir dos conceitos apresentados nos itens 3.2 e 3.3 (princípio da eficiência e princípio da moralidade).

## 8.1 Procedimento licitatório

No que diz respeito ao procedimento licitatório, o PL nº 6.814/17 consolidou algumas mudanças e inovações do RDC. Além disso, o projeto de lei introduziu outros mecanismos que merecem destaque.

As fases do procedimento licitatório previstas no PL nº 6.814/17 são as mesmas do Regime Diferenciado de Contratação, sendo elas: preparatória; publicação do edital de licitação; apresentação de propostas e lances; julgamento; habilitação; recursal; homologação. Destaca-se, portanto, que o projeto de lei segue a tendência da Lei do Pregão e do RDC em adotar como procedimento padrão a realização da habilitação após a fase de julgamento. Esse mecanismo contribui para celeridade do processo, na medida em que, salvo em situação de inversão de fases, será verificada a documentação de habilitação apenas do licitante que apresentar a proposta considerada mais vantajosa para Administração.

Como inovação, o PL nº 6.814/17 prevê a possibilidade de consulta ou audiência pública presencial, ou a distância, sobre proposta de especificações para bens ou serviços que pretende licitar[17]. Esse mecanismo contribui para transparência do procedimento licitatório.

Com relação ao instrumento convocatório, o PL nº 6.814/17 trouxe algumas possibilidades. É permitido o estabelecimento no instrumento convocatório de intervalo mínimo de diferença de valores entre os lances. Importante destacar que a Instrução Normativa nº 3 do Governo Federal de 2011[18] já permitia essa possibilidade para os procedimentos licitatórios da modalidade pregão. Observa-se que a previsão no edital de intervalo mínimo

---

17 A Lei Federal n 8.666/93 não prevê a possibilidade de audiência pública sobre proposta de especificações para bens ou serviços que pretende licitar, mas determina que para uma licitação ou para um conjunto de licitações simultâneas ou sucessivas, o valor estimado for superior a 100 (cem) vezes o limite previsto no seu art. 23, inciso I, alínea "c", o processo licitatório deve ser iniciado, obrigatoriamente, com uma audiência pública (BRASIL, 1993).

18 Disponível em: < http://www.comprasgovernamentais.gov.br/index.php/legislacao/legislacao-por-tema?layout=edit&id=403>. Acesso em: 17 ago. 2017.

de valores entre lances promove a eficiência da fase de lances, e contribui para a seleção daquela proposta mais econômica para Administração.

Na temática de previsão de consórcios[19], a Lei Federal nº 8.666/93 estabeleceu que a Administração Pública teria discricionariedade para admitir ou negar a participação de consórcios, sendo necessária a avaliação da realidade do mercado em face do objeto a ser licitado e da ponderação dos riscos inerentes à atuação de uma pluralidade de sujeitos (JUSTEN FILHO, 2012, p. 568). O PL nº 6.814/17, por sua vez, prevê no art. 13, §5º que, desde que seja justificado, o ato convocatório pode prever a participação de consórcio, mas limitar o número de empresas consorciadas para execução do objeto da licitação.

A esse respeito, destaca-se a seguinte decisão do Tribunal de Contas da União:

> A decisão da Administração de permitir a participação de empresas sob a forma de consórcio nas licitações deve ser devidamente motivada e não deve implicar a proibição da participação de empresas que, individualmente, possam cumprir o objeto a ser contratado, sob pena de restrição à competitividade. (BRASIL. Tribunal de Contas da União, 2017, p. 2)

Marçal Justen Filho informa que "O consórcio é uma associação temporária de esforços entre duas ou mais sociedades, tendo por objeto determinado empreendimento". Além disso, "o consórcio caracteriza-se pela transitoriedade e pela circunstância de que os consorciados mantêm sua autonomia jurídica" (JUSTEN FILHO, 2012, p. 565).

Importante destacar que enquanto no Direito Comercial cada consorciado responde em nome próprio pelos atos a si imputáveis,

---

19 A realização de um consórcio em um procedimento licitatório é caracterizada pela associação de empresas que conjugam recursos para a execução do objeto licitado (BANDEIRA DE MELLO, 2007).

no Direito Administrativo existe uma responsabilidade solidária pelos atos praticados em virtude do consórcio (JUSTEN FILHO, 2012, p. 526). Ademais, "é usual que a Administração Pública apenas autorize a participação de empresas em consórcio quando as dimensões e a complexidade do objeto ou as circunstâncias concretas exijam a associação entre particulares (JUSTEN FILHO, 2012, p. 565).

Até então, a possibilidade de determinar limite máximo para o número de empresas consorciadas não está prevista em lei, sendo controverso o entendimento da jurisprudência da sua possível aplicação. A esse respeito, segue entendimento do Tribunal de Contas da União:

> A limitação a número máximo de empresas integrantes em consórcio dever ter motivação prévia e consistente, sob pena de afrontar os arts. 3º, § 1º, inciso I, e 33 da Lei 8.666/93 c/c os arts. 2º e 50 da Lei 9.784/99. (BRASIL. Tribunal de Contas da União, 2017, p. 1)

Observa-se que a limitação do número de empresas consorciadas pode promover a efetividade da licitação. Afinal, quanto maior o número de participantes, maior a pulverização de responsabilidades, o que poderia resultar no retardamento da execução do objeto. Além disso, conforme destacado por Marçal Justen Filho (2012, p. 565), "a formação de consórcios acarreta risco da dominação do mercado, através de pactos de eliminação de competição entre os empresários".

No que diz respeito às regras de participação de consórcio, o PL nº 6.814/17 reproduz as normas presentes na Lei Federal nº 8.666/93. Assim, o projeto de lei mantém a disposição de que para efeito de habilitação econômico-financeira, há o somatório dos valores de cada consorciado, na proporção de sua respectiva participação. Conforme destacado por Guilherme Reisdorfer, isso constitui um problema:

> O problema é que a expressão 'na proporção de sua respectiva participação' não recebeu interpretação uniforme e pacífica durante a

> vigência da Lei 8.666/93. A locução admite tanto a compreensão de que os valores de cada consorciado poderiam ser considerados de forma absoluta (até o atingimento da participação), como a de que os valores deveriam ser considerados de forma relativa, aplicando-se o percentual de participação no consórcio sobre os indicadores econômicos de cada qual. (REISDORFER, 2016, p. 1)

Destaca-se, portanto, que caso o projeto de lei seja aprovado sem modificações nesse quesito, permanecerá a existência de uma interpretação não uniforme da sistemática de qualificação econômico-financeira dos consorciados.

No tocante ao impedimento na participação nas licitações, o PL nº 6.814/17 traz um novo mecanismo: o impedimento daquele "licitante que esteja manifestamente atuando em substituição a outra pessoa, física ou jurídica, com o intuito de burlar a efetividade das sanções a estas aplicadas" (BRASIL, 2017). Esse mecanismo é importante não só para defesa da legalidade do procedimento licitatório, mas também para o combate à corrupção e para o aumento da efetividade na aplicação de sanções. Todavia, importante destacar a possível dificuldade dos órgãos contratantes em operacionalizar a verificação dessa situação.

## 8.2 Procedimentos auxiliares

O RDC define que são procedimentos auxiliares das licitações: pré-qualificação permanente; cadastramento; sistema de registro de preços; e catálogo eletrônico de padronização. O PL nº 6.814/17, por sua vez, prevê os seguintes procedimentos: credenciamento; pré-qualificação; sistema de registro de preços; e registro cadastral.

Ao enquadrar o credenciamento como procedimento auxiliar, o PL nº 6.814/17 institucionaliza a prática já adotada anteriormente do credenciamento que é um "processo administrativo de chamamento público em que a Administração Pública convoca interessados em prestar serviços ou fornecer bens para que, preenchidos os requisitos necessários, credenciem-se no órgão ou na entidade para executar o objeto quando convocados" (BRASIL, 2017). O PL nº 6.814/17 estipula as hipóteses para a sua adoção:

> Art. 70. O credenciamento poderá ser usado nas seguintes hipóteses de contratação:
>
> I – paralela e não excludente: caso em que é viável e vantajosa para a Administração a realização de contratações simultâneas em condições padronizadas;
>
> II – com seleção a critério de terceiros: caso em que a seleção do contratado está a cargo do beneficiário direto da prestação;
>
> III – em mercados fluidos: caso em que a flutuação constante do valor da prestação e das condições de contratação inviabiliza a seleção de agente por meio do procedimento de licitação. (BRASIL, 2017)

O procedimento de credenciamento foi caracterizado pela Advocacia-Geral da União como hipótese de inexigibilidade de licitação, ou seja, situação em que é inviável a competição entre os licitantes. Essa inviabilidade se dá pela "possibilidade de se contratar todos os que se enquadrarem nos requisitos estabelecidos pela Administração, indistintamente" (ADVOCACIA-GERAL DA UNIÃO, 2013, p. 4). Assim, o credenciamento não é um caso típico de inexigibilidade, em que há apenas um único fornecedor ou prestador de serviço que atenda aos requisitos exigidos pela Administração, mas uma situação em que a contratação é assegurada a todos os interessados com os requisitos determinados, o que exclui a possibilidade de competição, ou seja, não há a necessidade de licitação.

Segundo Marçal Justen Filho (2012, p. 406), a inexigibilidade deve ser adotada em situações em que a licitação torna-se via inadequada para seleção da proposta. Dessa forma, entende-se que o credenciamento deve ser aplicado em situações em que não é possível a seleção de uma melhor proposta de um licitante específico, visto que vários fornecedores ou prestadores de serviço podem ser contratados indistintamente, sem que isso acarrete danos para Administração.

A pré-qualificação é um mecanismo que a Lei Federal nº 8.666/93 permite para licitações cuja modalidade é a concorrência. O PL nº 6.814/17 define a pré-qualificação como um "procedimento seletivo prévio à licitação, convocado por meio de edital, destinado à análise das condições de habilitação, total ou parcial, dos interessados ou do objeto" (BRASIL, 2017).

O instrumento de pré-qualificação contribui para efetividade do procedimento licitatório, sobretudo naqueles de elevada complexidade, na medida em que "a licitação que se seguir ao procedimento da pré-qualificação poderá ser restrita a licitante ou a objeto pré-qualificado, admitido novo licitante desde que comprove as condições de habilitação exigíveis até a data de publicação do edital de licitação (BRASIL, 2017). Ou seja, o procedimento da pré-qualificação limita a participação daqueles competidores sem as condições habilitatórias adequadas.

O PL nº 6.814/17 permite a execução de obras e serviços de engenharia pelo SRP (Sistema de Registro de Preços), mas desde que sejam atendidos os seguintes requisitos: existência de projeto padronizado, sem complexidade técnica e operacional; necessidade permanente ou frequente de obra ou serviço a ser contratado.

A Lei Federal nº 8.666/93 já previa o Sistema de Registro de Preços, definindo que tal mecanismo deveria ser regulamentado por decreto, atendidas as peculiaridades regionais. O PL nº 6.814/17, por sua vez, é mais específico ao determinar quais são as regras gerais a serem adotadas na utilização do SRP. Além disso, o projeto de lei permite a adoção do SRP em caráter permanente.

O Sistema de Registro de Preços Permanente (SRRP) é um mecanismo adotado por alguns estados, como Minas Gerais,

Rondônia e Maranhão[20]. O SRPP dispensa a necessidade de novas licitações para o mesmo objeto. O decreto do estado de Minas Gerais que regula o registro de preços, Decreto nº 46.311/13, define o SRPP:

> [...] sistema de registro de preços permanente – SRPP: sistema de registro de preços com critério de atualização de preços que, na forma do inciso II do § 3º do art. 15 da Lei Federal nº 8.666, de 1993, permita a participação de novos licitantes, inclusive com nova disputa por meio de lances, assegurada a publicidade dos atos; [...]. (BRASIL, 2013)

O PL nº 6.814/17 permite, ainda, contratar a execução de obras e serviços de engenharia pelo sistema de registro de preços, sendo necessária a observância dos seguintes requisitos:

> [...]
>
> I – existência de projeto padronizado, sem complexidade técnica e operacional;
>
> II – necessidade permanente ou frequente de obra ou serviço a ser contratado. (BRASIL, 2017)

Até então, era entendimento da Controladoria-Geral da União e do Tribunal de Contas da União que a elaboração de um projeto de engenharia envolve alta atividade intelectual e resulta em um produto único, não passível de reprodução, sendo inadequada a adoção do SRP, mesmo para os casos em que existe projeto padrão[21]. Além disso, tendo em vista que cada obra possui as suas particularidades de localidade, a padronização de obras e serviços de engenharia pode ser de difícil operacionalização.

---

20 Disponível em: <https://jacobyfernandesadvogados.jusbrasil.com.br/noticias/421772807/projeto-implementa-o-sistema-de-registro-de-preco-permanente-nas-licitacoes-federais?ref=topic_feed>. Acesso em: 31 ago. 2017.

21 Orientações da cartilha da CGU de 2014. Disponível em: < http://www.daf.unb.br/images/DCO/CGU-Sist-Reg-Precos-2014.pdf>. Acesso em: 17 ago. 2017.

A adoção do SRP para obras e serviços de engenharia, assim, pode ser considerada inadequada e de difícil operacionalização.

O registro cadastral é um mecanismo previsto na Lei Federal nº 8.666/93. O PL nº 6.814/17 define o registro cadastral como um instrumento, com validade de um ano, que deve ser mantido pelos órgãos e entidades da Administração Pública que realizarem licitações, de forma a registrar/cadastrar os inscritos em procedimentos licitatórios, para efeito de habilitação e atestado de cumprimento de obrigações. Assim, ressalta-se que o PL nº 6.814/17 possibilita que o registro cadastral substitua a documentação de habilitação. Destaca-se, ainda, que a Administração pode realizar licitação restrita a fornecedores cadastrados. Dessa forma, ao ser adotado o procedimento auxiliar de registro cadastral, existe a possibilidade de o procedimento licitatório ser mais célere.

## 8.3 Modalidades de licitação e critérios de julgamento

O PL nº 6.814/16 mantém as seguintes modalidades previstas pela Lei Federal nº 8.666/93 e pela Lei Federal nº 10.520/02: concorrência, convite, concurso, leilão e pregão. Assim, observa-se que o projeto de lei deixou de incluir a tomada de preços como modalidade. Ademais, exceto para as modalidades convite e pregão[22], o PL nº 6.814/16 desvincula as modalidades de valores e apresenta critérios e regras para cada modalidade.

Além disso, destaca-se que uma das principais inovações do PL nº 6.814/17 é a inclusão do diálogo competitivo como modalidade de licitação. O projeto define:

[22] A modalidade convite só pode ser adotada para contratações de valores inferiores a cento e cinquenta mil reais. Além disso, "no caso de obras e serviços comuns de engenharia, o pregão somente poderá ser utilizado quando a contratação envolver valores inferiores a cento e cinquenta mil reais" (BRASIL, 2017).

> Art. 5º Para os fins desta Lei, consideram-se:
>
> XLI – diálogo competitivo: modalidade de licitação em que a Administração Pública realiza diálogos com licitantes previamente selecionados com o intuito de desenvolver uma ou mais alternativas capazes de atender às suas necessidades, devendo os licitantes apresentar proposta final após o encerramento do diálogo. (BRASIL, 2017)

A modalidade de diálogo competitivo, também conhecida como diálogo concorrencial, é adotada pela União Europeia, desde 2004, a partir da Directiva 2004/18/CE do Parlamento Europeu[23], que traz definições acerca da coordenação dos processos de adjudicação dos contratos de empreitada de obras públicas, dos contratos públicos de fornecimento e dos contratos públicos de serviços.

A Directiva 2004/18/CE, publicada no Jornal Oficial da União Europeia, define o diálogo concorrencial da seguinte forma:

> É o procedimento em que qualquer operador económico pode solicitar participar e em que a entidade adjudicante conduz um diálogo com os candidatos admitidos nesse procedimento, tendo em vista desenvolver uma ou várias soluções aptas a responder às suas necessidades e com base na qual, ou nas quais, os candidatos seleccionados serão convidados a apresentar uma proposta. (PARLAMENTO EUROPEU, 2004)

A Directiva 2004/18/CEE apresenta o procedimento a ser adotado para a modalidade de diálogo concorrencial. Observa-se que o PL nº 6.814/17 incorporou mecanismos desse procedimento. Nesse sentido, destaca-se que durante o diálogo competitivo deve existir a igualdade de tratamento para todos os proponentes. Além disso, "as entidades adjudicantes não podem revelar aos outros participantes as soluções propostas nem outras informações confidenciais comunicadas por um candidato que participe

---

23 Disponível em: <http://eur-lex.europa.eu/legal-content/PT/TXT/?uri=celex%3A32004L0018>. Acesso em: 01 maio 2017.

no diálogo, sem a aprovação deste último" (PARLAMENTO EUROPEU, 2004). No término do diálogo, os participantes devem apresentar sua proposta final, contendo todos os elementos requeridos e necessários à realização do projeto.

Importante ressaltar que a modalidade de diálogo competitivo possui riscos, como o tráfico de influência, que é caracterizado pela solicitação, exigência ou obtenção, para si ou para outrem, de vantagem ou promessa de vantagem, "a pretexto de influir em ato praticado por funcionário público no exercício da função" (BRASIL, 1940). Assim, é fundamental a manutenção da confidencialidade das informações obtidas durante o diálogo competitivo.

Assim como previsto pela Directiva 2004/18/CEE da União Europeia, o PL nº 6.814/17 limita a aplicação da modalidade de diálogo competitivo para objetos complexos. A sua possibilidade é um avanço para os procedimentos licitatórios de elevada complexidade, pois traz eficiência e certa flexibilidade na seleção da proposta mais vantajosa, na medida em que propicia a negociação prévia entre a Administração e o licitante para definição da solução mais adequada.

No que diz respeito ao julgamento das propostas, destaca-se a previsão de verificação da exequibilidade da proposta. "O julgamento significa o exame formal e material das propostas. Logo, desclassificar uma proposta é julgar a sua viabilidade" (JUSTEN FILHO, 2012, p.735). A respeito da verificação da exequibilidade da proposta, a Lei Federal nº 8.666/93 determina padrões de exequibilidade e traz a seguinte determinação específica de valores:

> Art. 48 §1º Para os efeitos do disposto no inciso II deste artigo consideram-se manifestamente inexeqüíveis, no caso de licitações de menor preço para obras e serviços de engenharia, as propostas cujos valores sejam inferiores a 70% (setenta por cento) do menor dos seguintes valores: (Incluído pela Lei nº 9.648, de 1998)

> a) média aritmética dos valores das propostas superiores a 50% (cinqüenta por cento) do valor orçado pela administração, ou (Incluído pela Lei nº 9.648, de 1998)
>
> b) valor orçado pela administração. (BRASIL, 1993)

Com a aprovação do PL nº 6.814/17, serão consideradas inexequíveis as propostas cujos valores sejam inferiores a 80% do valor orçado pela Administração e da média aritmética dos valores das propostas superiores a 80% (oitenta por cento) do valor orçado pela Administração.

Destaca-se que a questão fundamental da verificação de exequibilidade não reside no valor da proposta, mas na impossibilidade de o licitante executar aquilo que ofertou (JUSTEN FILHO, 2012, p. 754). Assim, "se uma proposta de valor irrisório for plenamente executável por um particular", a proposta não deve ser excluída do certame (JUSTEN FILHO, 2012, p. 757).

A respeito da desclassificação por inexequibilidade, importante destacar seguinte decisão do Acórdão 1079/2017 (Plenário) do Tribunal de Contas da União:

> A desclassificação de proposta por inexequibilidade deve ser objetivamente demonstrada, a partir de critérios previamente publicados, e deve ser franqueada oportunidade de o licitante defender sua proposta e demonstrar sua capacidade de bem executar os serviços, nos termos e condições exigidos pelo instrumento convocatório, antes de ter a sua proposta desclassificada. (BRASIL. Tribunal de Contas da União, 2017, p. 1)

Outro ponto do PL nº 6.814/16 que merece destaque é a previsão da possibilidade de consideração dos custos indiretos para a definição do menor dispêndio. A mensuração dos custos indiretos auxilia na identificação mais exata de qual proposta é a mais eficiente, além de auxiliar na verificação da exequibilidade da proposta. Assim, embora tal mecanismo não constitua obrigatoriedade para o processo licitatório, destaca-se a sua importância para promoção da eficiência econômica do procedimento.

A Instrução Normativa nº 5 de maio de 2017, que dispõe sobre as regras e diretrizes do procedimento de contratação de serviços sob o regime de execução indireta, define os custos indiretos:

> VI – CUSTOS INDIRETOS: os custos envolvidos na execução contratual decorrentes dos gastos da contratada com sua estrutura administrativa, organizacional e gerenciamento de seus contratos, calculados mediante incidência de um percentual sobre o somatório do efetivamente executado pela empresa, a exemplo da remuneração, benefícios mensais e diários, insumos diversos, encargos sociais e trabalhistas, tais como os dispêndios relativos a:
>
> a) funcionamento e manutenção da sede, aluguel, água, luz, telefone, Imposto Predial Territorial Urbano (IPTU), dentre outros;
>
> b) pessoal administrativo;
>
> c) material e equipamentos de escritório;
>
> d) preposto; e
>
> e) seguros. (BRASIL, 2017)

Assim, o PL nº 6.814/17 define que os custos indiretos, relacionados com as despesas de manutenção, utilização, reposição, depreciação e impacto ambiental, entre outros fatores, poderão ser considerados para a definição do menor dispêndio, sempre que objetivamente mensuráveis, conforme dispuser regulamento. Importante ressaltar, contudo, que a mensuração dos custos indiretos é de difícil operacionalização, assim, a Administração Pública pode não ter os recursos necessários para a adequada mensuração dos custos indiretos.

## 8.4 Locação de bens e imóveis e garantias

O PL nº 6.814/17 inova ao definir que "quando houver possibilidade de compra ou de locação de bens, a contratação deverá ser precedida de análise de economicidade e de estudo comparativo de viabilidade entre as opções" (BRASIL, 2017). A Lei Federal nº 8.666/93 não apresenta tal possibilidade. Todavia, o Tribunal de Contas da União apresentou no acórdão nº 3091/2014 o entendimento de que "a locação de computadores deve ser precedida de estudos de viabilidade que comprovem sua vantagem para a Administração quando comparada com a aquisição" (TRIBUNAL DE CONTAS DA UNIÃO, 2017, p. 1). Embora esse entendimento seja específico para locação de computadores, observa-se nele o reconhecimento da necessidade de planejamento e adequada identificação dos custos envolvidos entre locar ou comprar um bem, para que a escolha do agente entre comprar e locar seja realizada de forma adequada.

Embora o PL nº 6.814/17 não apresente critérios para execução da análise e estudo de viabilidade entre as opções de compra e locação, essa determinação é importante para a eficácia e moralidade, pois reduz e possibilidade de dano ao erário e aumenta ainda mais o controle da atuação do agente, na medida em que a sua discricionariedade na escolha de compra ou aluguel de bens está limitada, em parte, por critérios de economicidade.

Além disso, conforme apontado no item 5.2, um dos gargalos da Lei Federal nº 8.666/93 é a ineficácia do mecanismo de seguro garantia. A Lei Geral de Licitações prevê a possibilidade de a autoridade competente exigir seguro-garantia. Todavia, para obras e serviços de engenharia de grande vulto, não há obrigatoriedade na exigência do seguro-garantia, tal como ocorre com o PL. O PL nº 6.814/17 apresenta como tentativa de solução dessa questão a determinação de que sejam exigidas nas obras e nos serviços de engenharia de grande vulto seguro-garantia com cláusula de retomada no percentual de 30% (trinta por cento) do valor inicial do contrato.

Esse projeto de lei permite, ainda, que "os requisitos para a habilitação econômico-financeira poderão ser dispensados mediante apresentação de seguro-garantia, desde que previsto no edital" (BRASIL, 2017). A habilitação econômico-financeira "visa a demonstrar a aptidão econômica do licitante para cumprir as obrigações decorrentes do futuro contrato" (BRASIL, 2017).

Nesse sentido, observa-se que o projeto de lei segue, parcialmente, a tendência dos EUA de transferir para as seguradoras o custo da verificação da habilitação dos licitantes, assim como o risco do descumprimento do contrato.

O PL nº 6.814/17 define o seguro garantia como o "seguro que garante o fiel cumprimento das obrigações assumidas pelo contratado" (BRASIL, 2017). Ressalta-se que "o seguro consiste numa solução destinada não propriamente à eliminação do risco do dano. É orientado à transferência para a responsabilidade de um terceiro dos efeitos decorrentes do efeito lesivo" (JUSTEN FILHO, 2013, p. 1). A exigência de seguro é, portanto, positiva, pois pode auxiliar na garantia de conclusão da obra, mesmo que a empresa contratada enfrente dificuldades. Além disso, a possível apresentação do seguro-garantia em substituição dos requisitos para habilitação econômico-financeira propicia uma redução dos custos da Administração no processo de verificação dos requisitos habilitatórios.

## 8.5 Regimes de contratação

O PL nº 6.814/17, além de incorporar as inovações do RDC e da Lei das Estatais (contratação integrada e semi-integrada), trouxe um novo regime: o fornecimento e prestação de serviço associado. Nesse regime de contratação, "além do fornecimento do objeto, o contratado se responsabiliza por sua operação, manutenção ou ambas, por tempo determinado" (BRASIL, 2017). A respeito dos possíveis benefícios desse regime, destaca-se:

> A lógica é interessante, porque permite atribuir ao fornecedor o risco de qualidade, de operação e de manutenção do objeto por determinado prazo, sugerindo a existência de contratos bifásicos, que comportariam mais de um regime contratual – um para o fornecimento e o outro específico da execução dos serviços associados. (REISDORFER, 2016, p. 4)

Assim como o Regime Diferenciado de Contratações, o PL nº 6.814/17 destaca que nos casos de contratação integrada, embora a Administração seja dispensada da elaboração do projeto completo, ela deve elaborar o anteprojeto contendo algumas condições mínimas, como condições de solidez, segurança e durabilidade; prazo de entrega; diretrizes para a concepção estética do projeto, entre outras.

O PL nº 6.814/17 define que na contratação semi-integrada o "projeto completo poderá ser alterado, desde que demonstrada a superioridade das inovações em termos de redução de custos, de aumento da qualidade, de redução do prazo de execução ou de facilidade de manutenção ou operação" (BRASIL, 2017). Essa flexibilização é importante, pois permite a redução dos custos e recursos envolvidos e o aumento da qualidade do bem licitado, ou seja, contribui para eficiência do procedimento licitatório.

## 8.6 Inexigibilidade e dispensa de licitação

O PL nº 6.814/17 introduziu algumas alterações no processo de contratação direta, que merecem destaque, pois, quando adotada de acordo com as regras estabelecidas, a contratação direta reduz a burocracia e traz celeridade, ou seja, eficiência, para o processo de contratação de bens ou serviços. Por outro lado, a incorreta adoção do processo de compra direta, por agentes públicos que buscam o benefício próprio, é uma afronta ao princípio da moralidade administrativa.

O processo de contratação direta "compreende os casos de inexigibilidade e de dispensa de licitação" (BRASIL, 2017). A esse respeito, a Lei Federal nº 8.666/93 define:

> Art. 26 Parágrafo único. O processo de dispensa, de inexigibilidade ou de retardamento, previsto neste artigo, será instruído, no que couber, com os seguintes elementos:
>
> I – caracterização da situação emergencial ou calamitosa que justifique a dispensa, quando for o caso;

> II – razão da escolha do fornecedor ou executante;
>
> III – justificativa do preço.
>
> IV – documento de aprovação dos projetos de pesquisa aos quais os bens serão alocado. (BRASIL, 1993)

Com relação à Lei Federal nº 8.666/93, o PL nº 6.814/17 explicita com maior clareza os documentos essenciais para contratação direta, de forma a limitar os casos de contratação direta indevida[24], o que é positivo para o controle da moralidade administrativa do procedimento. Destaca-se que o projeto de lei exige: termo de referência, projeto completo ou projeto executivo; estimativa de despesa, parecer técnico demonstrando o atendimento aos requisitos exigidos; demonstração da compatibilidade da previsão de recursos orçamentários com o compromisso a ser assumido; comprovação de que o contratado preenche os requisitos de qualificação mínima necessária; razão de escolha do contratado; justificativa do preço; e autorização da autoridade máxima do órgão ou da entidade.

A inexigibilidade de licitação ocorre quando há inviabilidade de competição. O PL nº 6.814/17 prevê os casos de inexigibilidade da Lei Federal nº 8.666/93. Como acréscimo, o projeto de lei prevê mais um caso: "objetos para os quais devam ou possam ser contratados todos os potenciais interessados" (BRASIL, 2017). Destaca-se que essa hipótese é aquela adotada quando o procedimento auxiliar de credenciamento, previamente descrito, for utilizado.

A dispensa de licitação deve ser adotada em situações em que embora seja viável a competição entre particulares, os custos inerentes a uma licitação (econômicos e de tempo) superam os benefícios que dela poderiam advir (JUSTEN FILHO, 2012, p. 334).

[24] A Lei Federal nº 8.666/93 caracteriza como crime a dispensa ou inexigibilidade fora das hipóteses previstas em lei, e a inobservância das formalidades pertinentes à dispensa ou à inexigibilidade, sendo passível a aplicação de pena de detenção de três a cinco anos, e multa.

Com relação à Lei Federal nº 8.666/93, foram observadas no PL nº 6.814/17 algumas modificações nas hipóteses de dispensa de licitação que merecem destaque.

Caso o PL nº 6.814/17 seja aprovado, o valor em que a licitação para obras e serviços de engenharia é dispensável passará de R$15.000 para R$60.000. Para outros serviços os valores passarão de R$8.000 para R$15.000. Justifica-se tal elevação pelo fato de os valores da Lei Federal nº 8.666/93 estarem desatualizados. A atualização dos valores é importante para que não sejam realizadas licitações em que os custos envolvidos no procedimento licitatório superem os seus benefícios, ou seja, contribui para a eficiência da aquisição.

Assim como a Lei Federal nº 8.666/93, o PL nº 6.814/17 prevê a hipótese de dispensa de licitação para casos de emergência ou calamidade pública. Todavia, enquanto a Lei Geral prevê um prazo para execução de obras e serviços inclusos nessa hipótese de cento e oitenta dias, o Projeto de Lei nº 6.814/17 prevê um prazo de trezentos e sessenta dias.

A Lei Federal nº 8.666/93 prevê a dispensa de licitação para situação de licitação deserta, ou seja, "quando não acudirem interessados à licitação anterior e esta, justificadamente, não puder ser repetida sem prejuízo para a Administração, mantidas, neste caso, todas as condições preestabelecidas" (BRASIL, 1993). O PL nº 6.814/17, por sua vez, prevê hipótese semelhante para dispensa:

> [...]
>
> III – quando, mantidas na contratação todas as condições definidas em edital de licitação realizada há menos de 1 (um) ano, verificar-se que naquela licitação:
>
> – não foram apresentadas propostas válidas; [...]. (BRASIL, 2017)

Conforme ressaltado por Marçal Justen Filho (2012), o procedimento licitatório que resultar em ausência de interessados deve ser devidamente analisado pela Administração, de forma que seja definido se o mecanismo da contratação direta é o mais adequado. Afinal, a ausência de interessados pode decorrer "da fixação de condições esdrúxulas" (JUSTEN FILHO, 2012, p. 351). Nesse caso, ao invés de optar pela contratação direta, sob prerrogativa do que é previsto no art. 24, V, da Lei Federal nº 8.666/93, a Administração deveria modificar as condições anteriores.

Assim, embora o PL nº 6.814/17 possua redação diferente para caracterizar hipótese de dispensa para situação de licitação deserta, ressalta-se a necessidade de cautela para tal procedimento, para que a contratação direta não seja adotada de forma inadequada.

A Lei Geral de Licitações prevê como hipótese de dispensa de licitação a "compra ou locação de imóvel destinado ao atendimento das finalidades precípuas da administração, cujas necessidades de instalação e localização condicionem a sua escolha, desde que o preço seja compatível com o valor de mercado" (BRASIL, 1993). A "aquisição ou locação de imóvel cujas características de instalações e localização tornem necessária sua escolha" é caracterizada no PL nº 6.814/17 como hipótese de inexigibilidade de licitação. Além disso, observa-se que o PL nº 6.814/17 prevê que a licitação é dispensável nos casos de "permuta por outro imóvel que atenda aos requisitos relacionados às finalidades precípuas da Administração, desde que haja compatibilidade de valor, segundo avaliação prévia" (BRASIL, 2017)

A Lei Federal nº 8.666/93 prevê como hipótese de dispensa de licitação a impressão dos diários oficiais, de formulários padronizados de uso da administração, e de edições técnicas oficiais, assim como para prestação de serviços de informática a pessoa jurídica de direito público interno, por órgãos ou entidades que integrem a Administração Pública, criados para esse fim específico (BRASIL, 1993). A Lei Geral de Licitações também prevê que a licitação é dispensável "para a celebração de contratos de prestação de serviços com as organizações sociais, qualificadas no âmbito das respectivas esferas de governo, para atividades contempladas no contrato de gestão"; e para "contratação de instituição ou organização, pública ou privada, com ou sem fins lucrativos, para a prestação de serviços de assistência técnica e extensão rural no âmbito do Programa Nacional de Assistência Técnica e Extensão Rural na Agricultura Familiar e na Reforma Agrária, instituído por lei federal" (BRASIL, 1993). Além disso, a Lei Federal nº 8.666/93 define que é dispensável a licitação para contratação de entidades privadas sem fins lucrativos, para a implementação de tecnologias sociais de acesso à água para consumo humano e produção de alimentos, de forma a beneficiar as famílias rurais de baixa renda atingidas pela seca ou falta regular de água (BRASIL, 1993). O PL nº 6.814/17, por sua vez, não inclui tais hipóteses de dispensa de licitação. Entende-se que essa escolha pode ter sido feita para o aumento da moralidade nas contratações de tais situações.

O PL nº 6.814/17 introduziu, ainda, as seguintes hipóteses de dispensa de licitação:

> Art. 68. É dispensável a licitação:
>
> [...]
>
> IV – para contratação que tenha por objeto:
>
> abastecimento ou suprimento de efetivos militares em estada eventual de curta duração em portos, aeroportos ou localidades diferentes de suas sedes, por motivo de movimentação operacional ou de adestramento;
>
> [...]
>
> XIV – para contratação de profissionais para compor a comissão para avaliação por critérios de técnica, quando se tratar de profissional técnico de notória especialização; [...]. (BRASIL, 2017)

No tocante a dispensa de licitação, com relação à Lei Federal nº 8.666/93, não foram observadas outras mudanças significativas no PL nº 6.814/17. Assim, observa-se que o projeto de lei mantém o rigor para o estabelecimento de regras de dispensa de licitação, de forma que a contratação direta não seja realizada de forma inadequada e em discordância ao princípio da moralidade administrativa.

## 8.7 Das infrações, sanções administrativas, crimes e penas

A Lei Federal nº 8.666/93 estipula sanções administrativas para as seguintes infrações: atraso injustificado na execução do contrato; inexecução total ou parcial do contrato; fraude fiscal no recolhimento de quaisquer tributos; e prática de atos ilícitos visando frustrar os objetivos da licitação.

O PL nº 6.814/17 apresenta as hipóteses de infração com maior detalhamento:

> Art. 111. O licitante ou o contratante será responsabilizado administrativamente pelas seguintes infrações:
>
> I – dar causa à inexecução parcial do contrato;
>
> II – dar causa à inexecução parcial do contrato que cause grave dano à Administração, ao funcionamento dos serviços públicos ou ao interesse coletivo;
>
> III – dar causa à inexecução total do contrato;
>
> IV – deixar de entregar a documentação exigida para o certame, salvo na hipótese de inversão de fases prevista no § 1º do art. 15;
>
> V – não manter a proposta, salvo se em decorrência de fato superveniente, devidamente justificado;
>
> VI – não celebrar o contrato ou não entregar a documentação exigida para a contratação, quando convocado dentro do prazo de validade de sua proposta;
>
> VII – ensejar o retardamento da execução ou da entrega do objeto da licitação sem motivo justificado;
>
> VIII – apresentar documentação falsa exigida para o certame ou prestar declaração falsa durante a licitação ou a execução do contrato;

> IX – fraudar a licitação ou praticar ato fraudulento na execução do contrato;
>
> X – comportar-se de modo inidôneo ou cometer fraude fiscal;
>
> XI – praticar atos ilícitos visando a frustrar os objetivos da licitação. (BRASIL, 2017)

O PL nº 6.814/17 prevê a aplicação das seguintes sanções: multa; impedimento de licitar e contratar; declaração de inidoneidade para licitar ou contratar. Assim, observa-se que o projeto de lei deixou de prever a possibilidade de aplicação da advertência.

A Lei Federal nº 8.666/93 determina que as condições de aplicação de multa devem estar previstas no instrumento convocatório ou no contrato. Além disso, a multa pode ser aplicada de forma conjunta a outras sanções. O PL nº 6.814/17, por sua vez, determina que a multa deve ser aplicada ao responsável por qualquer das infrações administrativas. Como acréscimo, o projeto de lei estipula que o valor da multa, previsto no instrumento convocatório ou no contrato, não pode ser inferior a 0,5% nem superior a 30% do valor do contrato licitado.

A declaração de inidoneidade para licitar ou contratar, tanto para Lei Federal nº 8.666/93, quanto para o PL nº 6.814/17, é competência exclusiva de Ministro de Estado, de Secretário Estadual e de Secretário Municipal. A Lei Federal nº 8.666/93 estipula que a reabilitação pode ser requerida após dois anos da aplicação dessa sanção. Destaca-se que o PL nº 6.814/17 estipula que essa sanção deve ser precedida por análise jurídica, devendo ser aplicada entre o prazo mínimo de três anos e o máximo de seis anos.

A Lei Federal nº 8.666/93 pontua quais são os crimes em licitações e contratos administrativos e quais penas devem ser aplicadas nessas situações. Constituem crimes: contratação direta ilegal; frustração do caráter competitivo de licitação; patrocínio de contratação indevida; modificação ou pagamento irregular em contrato administrativo; perturbação do procedimento licitatório; violação do sigilo em licitação; afastamento de licitante;

fraude em licitação; contratação inidônea; impedimento indevido; omissão grave de dado ou de informação por projetista. O PL nº 6.814/17 incorpora a definição desses crimes e suas respectivas penas no Código Penal (Decreto-Lei nº 2.848/40). Destaca-se que, em algumas situações, o PL prevê a aplicação de penas superiores àquelas determinadas pela Lei Federal nº 8.666/93. Assim, observa-se no projeto de lei a tentativa de implementar mecanismos legais de uma responsabilização mais severa dos agentes da Administração Pública, o que é positivo, pois inibe a prática de atos ilícitos.

# 9 CONSIDERAÇÕES FINAIS

Partindo da perspectiva de que a legislação brasileira deve acompanhar a demanda atual de aumento da eficiência, aumento da moralidade e combate à corrupção nos procedimentos licitatórios, buscou-se, neste trabalho, analisar, mediante critérios objetivos, a evolução da legislação referente às compras públicas. A mais recente proposta de inovação legislativa, o Projeto de Lei nº 6.814/17, que caso aprovado será a nova Lei Geral de Licitações, constituiu, portanto, o foco central da pesquisa.

Durante a pesquisa bibliográfica, notou-se que os conceitos de eficiência e moralidade não são consolidados na doutrina do direito administrativo, podendo ser considerados abstratos. Todavia, mediante a conceituação e análise da aplicação dos princípios da eficiência e moralidade administrativa, e mediante a caracterização do fenômeno da corrupção, foi possível identificar critérios objetivos para análise da eficiência e moralidade, especificamente para o contexto das compras públicas.

Para análise da eficiência nos procedimentos licitatórios, foram identificados dois critérios centrais. O primeiro critério é a análise dos recursos envolvidos, sendo eles: tempo, recursos financeiros e recursos humanos. Assim, devem ser considerados os seguintes aspectos: desburocratização, aumento da produtividade, celeridade e economicidade. O segundo critério é a análise da obtenção da proposta mais vantajosa, assim como a análise da qualidade do bem ou serviço licitado.

Para análise da moralidade nos procedimentos licitatórios, foram identificados três critérios centrais. O primeiro critério é a verificação do atendimento ao interesse público. O segundo critério é a análise dos mecanismos de transparência da atividade administrativa. O terceiro critério é a análise dos mecanismos legais de responsabilização dos agentes da Administração Pública. Importante ressaltar que, como o combate à corrupção está atrelado à moralidade administrativa, para a análise do combate à corrupção nos procedimentos licitatórios, foram utilizados os mesmos critérios previamente apresentados.

A partir da conceituação de eficiência e moralidade administrativa, foram identificados, de forma pontual, na atual Lei Geral de Licitações quatro gargalos principais. Ademais, com a caracterização do fenômeno da corrupção, especificamente nas compras públicas, observou-se que a Lei Federal nº 8.666/93 carece de mecanismos que propiciem o combate à corrupção nas compras públicas. Assim, verificou-se que a existência de tais gargalos e problemas prejudica a eficiência do procedimento licitatório e compromete a sua moralidade.

Faz-se necessário apontar que, perante o que a atual Lei Geral de Licitações define, o PL nº 6.814/17 não constitui uma mudança radical na lógica vigente para os procedimentos licitatórios. O PL nº 6.814/17 incorpora mecanismos introduzidos pela Lei do Pregão (Lei Federal nº 10.520/02) e pelo Regime Diferenciado de Contratações (Lei Federal nº 12.462/11). As inovações do projeto de lei, como a inclusão da modalidade de diálogo competitivo, são pontuais.

Todavia, é possível afirmar que, com a aprovação do PL nº 6.814/17 os gargalos da Lei Federal nº 8.666/93 seriam amenizados. Afinal, o projeto de lei incorpora a necessidade de aumento da qualidade, desburocratização, aumento da produtividade, e promoção da celeridade e economicidade dos procedimentos licitatórios. Ademais, há no PL nº 6.814/17 a busca pela transparência da atividade administrativa e pela responsabilização dos agentes da Administração Pública envolvidos em licitações.

A aprovação da Lei Federal nº 13.303/16, por sua vez, constitui importante passo para o reconhecimento das particularidades das empresas estatais, mas sem que a moralidade do procedimento licitatório seja comprometida, visto que existem regras centrais que todas as empresas devem seguir. Além disso, na medida em que a Lei Federal nº 13.303/16 incorpora inovações da Lei do Pregão e do RDC, e apresenta inovações próprias, concluiu-se que a Lei das Estatais segue a tendência de busca pelo aumento da eficiência administrativa e redução da corrupção nos procedimentos licitatórios.

Embora este livro tenha como enfoque os mecanismos legais que podem proporcionar o aumento da eficiência e combate à corrupção, é de extrema importância destacar que a legislação por si só não é suficiente para o alcance desses objetivos. Afinal, nem sempre as regras estabelecidas pela legislação são observadas. Além disso, nota-se que alguns mecanismos que objetivam o aumento da eficiência ou o combate à corrupção podem ser de difícil operacionalização, tais como: a verificação de critérios mais rígidos para o impedimento de participação no procedimento licitatório e a mensuração dos custos indiretos da licitação. Assim, é fundamental que a atuação dos agentes públicos e dos agentes privados tenha como objetivo o combate à corrupção e o aumento da eficiência.

Por fim, conclui-se que, caso o PL 6.814/17 não seja aprovado, é fundamental que uma nova Lei Geral de Licitações seja elaborada e aprovada, de forma a incluir as demandas da atualidade e sanar os gargalos da Lei Federal nº 8.666/93.

# REFERÊNCIAS


ALCANTARA, Christian Mendez. Os princípios constitucionais da eficiência e eficácia da administração pública: estudo comparativo Brasil e Espanha. *Revista da Academia Brasileira de Direito Constitucional*. Curitiba, 2009, vol. 1, nº 1, Ago-Dez. p. 24-49. Disponível em: <http://www.abdconst.com.br/revista/revista1.pdf#page=23>. Acesso em: 21 jun. 2017.

ALEXANDRINO, Marcelo; PAULO, Vicente. *Direito Administrativo Descomplicado*. 24. ed. São Paulo: Método, 2016.

ALVES, Caio Augusto dos Santos. *Princípio da eficiência e o critério do menor preço na licitação pública*. 2014. Trabalho de Conclusão de Curso (Graduação) – Universidade Federal de Santa Catarina.

BANDEIRA DE MELLO, Celso Antônio. *Curso de direito administrativo*. 22ª ed. São Paulo: Malheiros, 2007.

BATISTA JÚNIOR, Onofre Alves. *Princípio constitucional da eficiência administrativa*. Belo Horizonte: Mandamentos, 2004.

BICALHO, Alécia Paolucci Nogueira. *A Contratação Semi-integrada na Lei das Estatais*: críticas e proposições. 2016. Disponível em: <http://www.direitodoestado.com.br/colunistas/alecia-paolucci-nogueira-bicalho/a-contratacao-semi-integrada-na-lei-das-estatais-criticas-e-proposicoes->. Acesso em: 24 maio 2017.

BORGES, Maria Cecília Mendes. Da licitação como instrumento para uma gestão condizente com o interesse público: o problema do formalismo exacerbado na frustração desse fim e a importância da participação popular para implementar a efetividade do seu controle. *Revista do TCU*. Jul./Set. 2005. Disponível em: <revista.tcu.gov.br/ojs/index.php/RTCU/article/download/522/573>. Acesso em: 09 jun. 2017.

BRASIL. Advocacia-Geral da União. *Parecer CPLC/DEPCONSU/PGF/AGU* nº 07 de setembro de 2013. Credenciamento. Hipótese de inexigibilidade. Casos de aplicação cautelas serem observadas. Disponível em: <www.agu.gov.br/page/download/index/id/17774648>. Acesso em: 26 maio 2017.

______. *Constituição da República Federativa do Brasil de 1988*. Disponível em: <http://www.planalto.gov.br/ccivil_03/constituicao/constituicao.htm>. Acesso em: 17 abr. 2017.

______. *Decreto 5.450 de 31 de maio de 2005*. Regulamenta o pregão, na forma eletrônica, para aquisição de bens e serviços comuns, e dá outras providências. Disponível em: <http://www.planalto.gov.br/ccivil_03/_ato2004- 2006/2005/decreto/d5450.htm>. Acesso em 17 abr. 2017.

______. *Decreto Lei nº 200 de 25 de fevereiro de 1967*. Dispõe sobre a organização da Administração Federal, estabelece diretrizes para a Reforma Administrativa e dá outras providências. Disponível em: <http://www.planalto.gov.br/ccivil_03/decreto-lei/Del0200.htm>. Acesso em: 27 abr. 2017.

______. *Decreto Lei nº 2.848, de 7 de dezembro de 1940*. Dispõe sobre o Código Penal. Disponível em: <http://www.planalto.gov.br/ccivil_03/decreto-lei/Del2848compilado.htm>. Acesso em: 12 dez. 2017.

______. *Decreto nº 4.536 de 28 de janeiro de 1922*. Organiza o Código de Contabilidade da União Disponível em: <http://www.planalto.gov.br/ccivil_03/decreto/historicos/dpl/dpl4536.htm>. Acesso em: 27 abr. 2017.

______. *Decreto nº 5.687, de 31 de janeiro de 2006*. Promulga a Convenção das Nações Unidas contra a Corrupção, adotada pela Assembléia Geral das Nações Unidas em 31 de outubro de 2003 e assinada pelo Brasil em 9 de dezembro de 2003. Disponível em: <http://www.planalto.gov.br/ccivil_03/_ato2004-2006/2006/decreto/d5687.htm>. Acesso em: 04 maio 2017.

______. *Decreto nº 7.892, de 23 de janeiro de 2013*. Regulamenta o Sistema de Registro de Preços previsto no art. 15 da Lei nº 8.666, de 21 de junho de 1993. Disponível em: <http://www.planalto.gov.br/ccivil_03/_ato2011-2014/2013/decreto/d7892.htm>. Acesso em: 18 jul. 2017.

______. *Decreto Lei nº 2.300 de 21 de novembro de 1986*. Dispõe sobre licitações e contratos da Administração Federal e dá outras providências. Disponível em: <http://www.planalto.gov.br/ccivil_03/decreto-lei/Del2300-86.htm#art90>. Acesso em: 27 abr. 2017.

______. *Decreto nº 2.745 de 24 de agosto de 1998.* Aprova o Regulamento do Procedimento Licitatório Simplificado da Petróleo Brasileiro S.A. – PETROBRAS previsto no art. 67 da Lei nº 9.478, de 6 de agosto de 1997. Disponível em: <http://www.planalto.gov.br/ccivil_03/decreto/d2745.htm>. Acesso em: 10 ago. 2017.

______. *Decreto nº 2.926 de 14 de maio de 1862.* Aprova o Regulamento para as arrematações dos serviços a cargo do Ministério da Agricultura, Comércio e Obras Públicas. Disponível em: <http://www2.camara.leg.br/legin/fed/decret/1824-1899/decreto-2926-14-maio-1862-555553-publicacaooriginal-74857-pe.html>. Acesso em: 26 abr. 2017.

______. *Decreto nº 7.581, de 11 de outubro de 2011.* Regulamenta o Regime Diferenciado de Contratações Públicas – RDC, de que trata a Lei nº 12.462, de 4 de agosto de 2011. Disponível em: <http://www.planalto.gov.br/ccivil_03/_ato2011-2014/2011/decreto/d7581.htm>. Acesso em: 06 nov. 2017.

______. Escola Nacional de Administração Pública. *Curso Virtual Gestão e Fiscalização de Contratos Públicos.* Turma 2/2017. Disponível em: <https://mooc.enap.gov.br/course/view.php?id=1585>. Acesso em: 09 out. 2017.

______. *Instrução Normativa nº 3*, de 16 de dezembro de 2011. Disponível em: <http://www.comprasgovernamentais.gov.br/index.php/legislacao/legislacao-por-tema?layout=edit&id=403>. Acesso em: 17 ago. 2017.

______. *Instrução Normativa nº 5, de 25 de maio de 2017.* Dispõe sobre as regras e diretrizes do procedimento de contratação de serviços sob o regime de execução indireta no âmbito da Administração Pública federal direta, autárquica e fundacional. Disponível em: <https://www.comprasgovernamentais.gov.br/index.php/legislacao/instrucoes-normativas/760-instrucao-normativa-n-05-de-25-de-maio-de-2017>. Acesso em: 30 ago. 2017.

______. *Lei 10.520 de 17 de julho de 2012.* Institui, no âmbito da União, Estados, Distrito Federal e Municípios, nos termos do art. 37, inciso XXI, da Constituição Federal, modalidade de licitação denominada pregão, para aquisição de bens e serviços comuns, e dá outras providências.

Disponível em: <http://www.planalto.gov.br/ccivil_03/leis/2002/l10520.htm>. Acesso em: 17 abr. 2017.

______. *Lei 12.462 de 04 de agosto de 2011*. Institui o Regime Diferenciado de Contratações Públicas – RDC; altera a Lei n° 10.683 e dá outras providências. Disponível em: <http://www.planalto.gov.br/ccivil_03/_ato2011-2014/2011/lei/l12462.htm>. Acesso em: 17 abr. 2017.

______. *Lei nº 2.221 de 30 de dezembro de 1909*. Fixa a despesa geral da Republica dos Estados Unidos do Brasil para o exercício de 1910, e dá outras providências. Disponível em: <http://www2.camara.leg.br/legin/fed/lei/1900-1909/lei-2221-30-dezembro-1909-581770-anexo-pl.pdf>. Acesso em: 26 abr. 2017.

______. *Lei nº 4.401 de 10 de setembro de 1964*. Estabelece normas para a licitação de serviços e obras e aquisição de materiais no Serviço Público da União, e dá outras providências. Disponível em: <http://www.planalto.gov.br/Ccivil_03/LEIS/1950-1969/L4401.htm>. Acesso em: 27 abr. 2017.

______. *Projeto de Lei do Senado nº 559, de 2013*. Institui normas para licitações e contratos da Administração Pública e dá outras providências. Disponível em: <https://www25.senado.leg.br/web/atividade/materias/-/materia/115926>. Acesso em: 30 ago. 2017.

______. Tribunal de Contas da União. *Acórdão nº 2302/2012*. Plenário. Relator: Raimundo Carreiro. Sessão de 29/08/2012. Disponível em: <https://contas.tcu.gov.br/pesquisaJurisprudencia/#/detalhamento/11/%252a/NUMACORDAO%253A2302%2520ANOACORDAO%253A2012/DTRELEVANCIA%2520desc%252C%2520NUMACORDAOINT%2520desc/false/1/false>. Acesso em: 27 jul. 2017.

______. Tribunal de Contas da União. *Acórdão nº 3091/2014*. Plenário. Relator: Bruno Dantas. Sessão de 12/11/2014. Disponível em: <https://contas.tcu.gov.br/pesquisaJurisprudencia/#/detalhamento/11/%252a/NUMACORDAO%253A3091/DTRELEVANCIA%2520desc%252C%2520NUMACORDAOINT%2520desc/false/9/false>. Acesso em: 11 out. 2017.

______. Tribunal de Contas da União. *Informativo de Licitações e Contratos*. Nº 294. Sessões 06/Julho/2016. Disponível em: <http://portal.tcu.gov.br/jurisprudencia/boletins-e-informativos/informativo-de-licitacoes-e-contratos.htm>. Acesso em: 21 set. 2017.

______. Tribunal de Contas da União. *Informativo de Licitações e Contratos*. Nº 280. Sessões 29 e 30/Março/2016. Disponível em: <http://portal.tcu.gov.br/jurisprudencia/boletins-e-informativos/informativo-de-licitacoes-e-contratos/list-pagination/2.htm>. Acesso em: 21 set. 2017.

______. Tribunal de Contas da União. *Informativo de Licitações e Contratos*. Nº 266. Sessões 3 e 4 de Novembro de 2015. Disponível em: <http://portal.tcu.gov.br/jurisprudencia/boletins-e-informativos/informativo-de-licitacoes-e-contratos/list-pagination/2.htm>. Acesso em: 21 set. 2017.

______. Tribunal de Contas da União. *Informativo de Licitações e Contratos*. Nº 264. Sessões 20 e 21 Outubro de 2015. Disponível em: <http://portal.tcu.gov.br/jurisprudencia/boletins-e-informativos/informativo-de-licitacoes-e-contratos/list-pagination/2.htm>. Acesso em: 21 set. 2017.

______. Tribunal de Contas da União. *Informativo de Licitações e Contratos*. Nº 245. Sessões 2 e 3 de Junho de 2015. Disponível em: <http://portal.tcu.gov.br/jurisprudencia/boletins-e-informativos/informativo-de-licitacoes-e-contratos/list-pagination/2.htm>. Acesso em: 21 set. 2017.

______. Tribunal de Contas da União. *Informativo de Licitações e Contratos*. Nº 329. Sessões 8, 9, 15 e 16 de agosto de 2017. Disponível em: <http://portal.tcu.gov.br/jurisprudencia/boletins-e-informativos/informativo-de-licitacoes-e-contratos.htm>. Acesso em: 20 set. 2017.

______. Tribunal de Contas da União. *Informativo de Licitações e Contratos*. Nº 323. Sessões 16, 17, 23 e 24 de maio de 2017. Disponível em: <http://portal.tcu.gov.br/jurisprudencia/boletins-e-informativos/informativo-de-licitacoes-e-contratos.htm>. Acesso em: 20 set. 2017.

______. Tribunal de Contas da União. *Informativo de Licitações e Contratos*. Nº 320. Sessões 4, 5, 11 e 12 de abril de 2017. Disponível em: <http://portal.tcu.gov.br/jurisprudencia/boletins-e-informativos/informativo-de-licitacoes-e-contratos.htm>. Acesso em: 20 set. 2017.

______. Tribunal de Contas da União. *Informativo de Licitações e Contratos*. Nº 246. Sessões 9 e 10 de Junho de 2015. Disponível em: <http://portal.tcu.gov.br/jurisprudencia/boletins-e-informativos/informativo-de-licitacoes-e-contratos/list-pagination/2.htm>. Acesso em: 21 set. 2017.

______. Tribunal de Contas da União. *Licitações e contratos*: orientações e jurisprudência do TCU / Tribunal de Contas da União. 4. ed. rev., atual. e ampl. Brasília: TCU, Secretaria-Geral da Presidência: Senado Federal, Secretaria Especial de Editoração e Publicações, 2010. Disponível em: <http://portal.tcu.gov.br/lumis/portal/file/fileDownload.jsp?inline=1&fileId=8A8182A24D6E86A4014D72AC81CA540A>. Acesso em: 10 out. 2017.

______. Tribunal de contas da União. *Guia de Boas Práticas em Contratação de Soluções de Tecnologia da Informação* – Riscos e Controles para o Planejamento da Contratação – versão 1.0. 2012. Disponível em: <http://portal2.tcu.gov.br/portal/pls/portal/docs/2511467.PDF>. Acesso em: 30 out. 2017.

______. *Lei 12.462 de 04 de agosto de 2011*. Institui o Redime Diferenciado de Contratações Públicas – RDC; altera a Lei n° 10.683 e dá outras providências. Disponível em: <http://www.planalto.gov.br/ccivil_03/_ato2011-2014/2011/lei/l12462.htm>. Acesso em: 17 abr. 2017.

______. *Lei 8.666 de 21 de junho de 1993*. Regulamenta o art. 37, inciso XXI, da Constituição Federal, institui normas para licitações e contratos da Administração Pública e dá outras providências. Disponível em: <http://www.planalto.gov.br/ccivil_03/leis/L8666cons.htm>. Acesso em: 17 abr. 2017.

______. *Lei 9.478 de 06 de agosto de 2017*. Dispõe sobre a política energética nacional, as atividades relativas ao monopólio do petróleo, institui o Conselho Nacional de Política Energética e a Agência Nacional do Petróleo e dá outras providências. Disponível em: <http://www.planalto.gov.br/ccivil_03/leis/L9478.htm>. Acesso em: 10 ago. 2017.

______. Ministério Público Federal. *Caso Lava Jato*. Disponível em: <http://lavajato.mpf.mp.br/entenda-o-caso>. Acesso em: 28 ago. 2017.

______. *Projeto de Lei do Senado nº 11, de 2016*. Modifica os arts. 23 e 120 da Lei nº 8.666, de 21 de junho de 1993, para atualizar os valores das diferentes modalidades de licitação e estabelecer critério de correção anual. Disponível em: <file:///C:/Users/x15983603/Downloads/MATE_TI_185913.pdf>. Acesso em: 30 ago. 2017.

BRAZ, Petronio. *Adjudicação e homologação no processo de licitação*. Disponível em: <https://jus.com.br/artigos/8893/adjudicacao-e-homologacao-no-processo-de-licitacao>. Acesso em: 05 abr. 2017.

BREI, Zani Andrade. A corrupção: causas, consequências e soluções para o problema. *Revista RAP*, Rio de Janeiro, v. 30, n. 3, 1996. Disponível em: <http://bibliotecadigital.fgv.br/ojs/index.php/rap/issue/view/853>. Acesso em: 04 maio 2017.

CÂMARA DOS DEPUTADOS. *Proposta incorpora diálogo competitivo como modalidade de licitação*; 2017. Disponível em: <http://www2.camara.leg.br/camaranoticias/noticias/ADMINISTRACAO-PUBLICA/531693-PROPOSTA-INCORPORA-DIALOGO-COMPETITIVO-COMO-MODALIDADE-DE-LICITACAO.html>. Acesso em: 25 maio 2017.

CÂMARA DOS DEPUTADOS. *Relator quer apresentar em maio parecer sobre mudança na lei de licitações*; 2018. Disponível em: <http://www2.camara.leg.br/camaranoticias/noticias/ADMINISTRACAO-PUBLICA/554482-RELATOR-QUER-APRESENTAR-EM-MAIO-PARECER-SOBRE-MUDANCAS-NA-LEI-DE-LICITACOES.htmll>. Acesso em: 12 abr. 2018.

CARDOSO, André Guskow. O regime diferenciado de contratações públicas: a questão da publicidade do orçamento estimado. *Informativo Justen, Pereira, Oliveira e Talamini*. Curitiba, nº 58. Dezembro de 2011. Disponível em: <http://www.justen.com.br/pdfs/IE58/Andre_RDC.pdf>. Acesso em: 29 ago. 2017.

CARVALHO, Daniel Bulha de. As influências da Lei de Responsabilidade Fiscal nas Licitações e Contratos Administrativos. *Revista do TCU*. Maio/Agosto 2010. Disponível em: <sbdp.org.br>. Acesso em: 05 jun. 2017.

CARVALHO FILHO, José dos Santos. *Manual de Direito Administrativo*. 27ª ed. São Paulo: Atlas, 2014.

______. *Manual de Direito Administrativo*. 25ª ed. São Paulo: Atlas, 2012.

CASTRO, Luciano I. de. *Combate à corrupção em licitações públicas*. Abril 2007. Disponível em: <http://orff.uc3m.es/bitstream/handle/10016/719/we070302.pdf?sequence=1>. Acesso em: 02 maio 2017.

DELGADO, José Augusto. Princípios jurídicos aplicados à licitação. *Boletim de Direito Administrativo*, São Paulo, v. 10, n. 10, p. 609-623, out. 1994. Disponível em: <http://bdjur.stj.jus.br//dspace/handle/2011/16562>. Acesso em: 29 jun. 2017.

EDITORA FÓRUM. Professora Maria Sylvia aponta falhas na lei 8.666/93 e afirma que licitações são portas abertas para a corrupção. *Editora Fórum*. 26 de setembro de 2017. Disponível em: <http://www.editoraforum.com.br/ef/index.php/noticias/professora-maria-sylvia-aponta-falhas-na-lei-8-66693-e-afirma-que-licitacoes-sao-portas-abertas-para-a-corrupcao/>. Acesso em: 09 out. 2017.

ESTADOS UNIDOS DA AMÉRICA. *Federal Acquisition Regulation* (FAR). Disponível em: <https://www.acquisition.gov/sites/default/files/current/far/pdf/FAR.pdf>. Acesso em: 28 ago. 2017.

FERNANDES, Jorge Ulisses Jacoby. Projeto implementa o Sistema de Registro de Preço Permanente nas licitações federais. *Jusbrasil*. Fevereiro de 2017. Disponível em: <https://jacobyfernandesadvogados.jusbrasil.com.br/noticias/421772807/projeto-implementa-o-sistema-de-registro-de-preco-permanente-nas-licitacoes-federais?ref=topic_feed>. Acesso em: 31 ago. 2017.

FERREIRA, Agnaldo de Oliveira; CARVALHO, Hamilton Andrade de; MORAES, Luciana da Silva. As inovações da lei de licitação e a eficiência do pregão na Administração Pública. *Revista Científica Semana Acadêmica*. Fortaleza, 2013, Nº 000019, 10/07/2013. Disponível em: <http://semanaacademica.org.br/artigo/inovacoes-da-lei-de-licitacao-e-eficiencia-do-pregao-na-administracao-publica>. Acesso em: 29 maio 2017.

FERREIRA, Ana Mônica Medeiros. *Desenvolvimento sustentável e princípio da eficiência*: um breve ensaio sobre a necessidade de licitações sustentáveis. Ca. 2013. Disponível em: <http://www.publicadireito.com.br/artigos/?cod=5b6f6f2df2bd1f46>. Acesso em: 31 maio 2017.

FIGUEREDO, Fernanda Mazega. A utilização de regimes licitatórios simplificados pelas empresas públicas e sociedades de economia mista (os casos Petrobras e Eletrobrás). *Informativo Justen, Pereira, Oliveira e Talamini*, Curitiba, nº 28, junho 2009. Disponível em: <http://www.justen.com.br//informativo.php?&informativo=28&artigo=892&l=pt>. Acesso em: 10 ago. 2017.

FREITAS, Juarez. Princípio da moralidade administrativa. *In*: PIRES, Luis Manuel Fonseca; ZOCKUN, Maurício; ADRI, Renata Porto (Coords.). Corrupção, ética e moralidade administrativa. Belo Horizonte: Fórum, 2008. p. 195-225.

FREITAS, Larissa Carlos. Moralidade e probidade administrativa: parâmetros de definição e esferas de atuação. *Revista Jus Navigandi*, ISSN 1518-4862, Teresina, ano 5, n. 41, 1 maio 2000. Disponível em: <https://jus.com.br/artigos/353/moralidade-e-probidade-administrativa>. Acesso em: 03 maio 2017.

GABARDO, Emerson; CASTELLA, Gabriel Morettini. A nova lei anticorrupção e a importância do compliance para as empresas que se relacionam com a Administração Pública. *A&C – R. de Dir. Administrativo & Constitucional*, Belo Horizonte, ano 15, n. 60, p. 129-147, abr./jun. 2015. Disponível em: <http://www.editoraforum.com.br/ef/wp-content/uploads/2015/08/lei-anticorrupcao-compliance.pdf>. Acesso em: 04 maio 2017.

JURKSAITIS, Guilherme Jardim. Em defesa do RDC. Artigo publicado em 6/9/2011 no sítio eletrônico da Sociedade Brasileira de Direito Público – sbdp. Disponível em: <http://www.sbdp.org.br/arquivos/material/960_Guilherme_Jardim_Jurksaitis_-_Em_defesa_do_RDC_-_versao_pa.pdf>. Acesso em: 05 jun. 2017.

JUSTEN FILHO, Marçal. *Comentários à Lei de Licitações e Contratos Administrativos*. 15ª ed. São Paulo: Dialética, 2012.

______. *Comentários ao RDC*. 15ª ed. São Paulo: Dialética, 2013.

______. Notas sobre a implantação do regime da Lei 13.303/2016. *Informativo Justen, Pereira, Oliveira e Talamini*, Curitiba, 2016 ou 2017. Disponível em: <http://www.justen.com.br/pdfs/IE118/IE118-MJF-Efeitos-da-Lei-13303.pdf>. Acesso em: 08 ago. 2017.

______. A pré-qualificação como procedimento auxiliar das licitações do RDC (Lei 12.462). *Informativo Justen, Pereira, Oliveira e Talamini*, Curitiba, nº 56, outubro de 2011. Disponível em: <http://www.justen.com.br/pdfs/IE56/IE56-marcal_rdc.pdf>. Acesso em: 05 abr. 2017.

JUSTEN FILHO, Marçal. *Pregão* (comentários à legislação do pregão comum e eletrônico). 4ª ed. São Paulo: Dialética, 2005.

______. Seis indícios de corrupção nas contratações administrativas. *Gazeta do Povo*. Dezembro de 2015. Disponível em: <http://justenfilho.com.br/tags/requisitos-de-habilitacao/>. Acesso em: 25 ago. 2017.

JUSTEN NETO, Marçal. Os regulamentos internos de licitações e contratos das empresas estatais. *Informativo Justen, Pereira, Oliveira e Ta-*

*lamini*, Curitiba, nº 119, janeiro de 2017. Disponível em: <http://www.justen.com.br/pdfs/IE119/IE%20119%20-%20MJN%20-%20Prazo%20Regulamento.pdf>. Acesso em: 08 ago. 2017.

LEÃO, Gabriela de Azevedo. *Compras públicas sustentáveis no Estado de Minas Gerais: uma análise sob a ótica ambiental.* 2013. Trabalho de Conclusão de Curso (Graduação) – Escola de Governo Professor Paulo Neves de Carvalho, Belo Horizonte.

LIMA, Welder Rodrigues. Juízo de Admissibilidade de Recursos no Pregão Eletrônico. *Conteúdo Jurídico*, v. 2012.

MACHADO, Marcelo Couto. Princípio da eficiência da Administração Pública. *Revista Amicus Curiae.* V. 6, N. 6; 2009. Disponível em: <http://periodicos.unesc.net/amicus/article/view/536/528>. Acesso em: 05 maio 2017.

MACHADO, Sulamita Crespo Carrilho. *Aspectos jurídicos da prevenção e do controle da corrupção.* 2008. Disponível em: <http://eg.fjp.mg.gov.br/index.php/docman/publicacoes-2008/71-td2-aspectos-juridicos-da-prevencao-e-do-controle-da-corrupcao/file>. Acesso em: 12 dez. 2017.

MEIRELLES, Hely Lopes. *Direito Administrativo Brasileiro.* 38ª ed. São Paulo: Malheiros, 2012.

MENDES, Luiz Eduardo. *Regime Diferenciado de Contratações*: Inovações e aspectos polêmicos. 2014. Trabalho de Conclusão de Curso (Graduação) – Universidade de Brasília.

MINISTÉRIO DO MEIO AMBIENTE. *Agenda 21 brasileira*: ações prioritárias. 2ª ed. Brasília: Ministério do Meio Ambiente, 2004.

MORAIS, Ed da Silva. *Princípio Constitucional da Eficiência*: aspectos relevantes. Disponível em: <http://www.facos.edu.br/old/galeria/103052011071027.pdf>. Acesso em: 05 maio 2017.

MORAIS, Janaina Jacolina. *Princípio da Eficiência na Administração Pública.* 2010. Disponível em: <http://www.eduvaleavare.com.br/ethosjus/revista3/pdf/principio_eficiencia.pdf>. Acesso em: 05 maio 2017.

NESTER, Alexandre Wagner. Os critérios de julgamento previstos no regime diferenciado de contratações públicas. *Informativo Justen, Pereira, Oliveira e Talamini*, Curitiba, nº 58, dezembro de 2011. Disponível em: <http://www.justen.com.br/pdfs/IE58/Nester_RDC.pdf>. Acesso em: 25 maio 2017.

NIEBUHR, Joel de Menezes. *Aspectos Destacados do Novo Regime de Licitações e Contratações das Estatais*. 2016. Disponível em: <http://www.direitodoestado.com.br/colunistas/joel-de-menezes-niebuhr/aspectos-destacados-do-novo-regime-de-licitacoes-e-contratacoes-das-estatais>. Acesso em: 30 mar. 2017.

NÓBREGA, Marcos. O processo de mudança dos mecanismos das compras governamentais no Brasil: vantagens e riscos da contratação integrada. *Revista TCEMG*. Abril, Maio, Junho 2015. Disponível em: <https://libano.tce.mg.gov.br/seer/index.php/TCEMG/article/viewFile/99/69>. Acesso em: 02 jun. 2017.

NUNES, Antonio Carlos Ozório. Corrupção: o combate através da prevenção. *In*: PIRES, Luis Manuel Fonseca; ZOCKUN, Maurício; ADRI, Renata Porto (Coords.). *Corrupção, ética e moralidade administrativa*. Belo Horizonte: Fórum, 2008. p. 12-35.

OLIVEIRA, Fernão Justen de. Contratação simultânea para serviços do PAC e dos megaeventos esportivos. *Informativo Justen, Pereira, Oliveira e Talamini*, Curitiba, nº 67, setembro de 2012. Disponível em: <http://www.justen.com.br//informativo.php?&informativo=67&artigo=696&l=pt#>. Acesso em: 17 abr. 2017.

OLIVEIRA, Fernão Justen de. A convocação dos licitantes remanescentes no Regime Diferenciado de Contratações Públicas. *Informativo Justen, Pereira, Oliveira e Talamini*, Curitiba, nº 59, janeiro de 2012. Disponível em: <http://www.justen.com.br/pdfs/IE59/IE59_Fernao_RDC.pdf>. Acesso em: 31 maio 2017.

PARLAMENTO EUROPEU. DIRECTIVA 2004/18/CE DO PARLAMENTO EUROPEU E DO CONSELHO de 31 de Março de 2004. Relativa à coordenação dos processos de adjudicação dos contratos de empreitada de obras públicas, dos contratos públicos de fornecimento e dos contratos públicos de serviços. Disponível em: <http://eur-lex.europa.eu/legal-content/PT/TXT/?uri=celex%3A32004L0018>. Acesso em: 01 maio 2017.

PEREIRA JÚNIOR, Jessé Torres; DOTTI, Marinês Restelatto. A licitação no formato eletrônico e o compromisso com a eficiência: Projeto de

Lei nº 7.709, de 2007. *Revista do TCU*. Maio/Agosto 2007. Disponível em: <tcu.gov.br>. Acesso em: 31 maio 2017.

RAMOS, Vinicius Diniz e Almeida; THOMÉ, Romeu Thomé. Licitações sustentáveis: da inadequação da Lei 8.666/1993 às inovações apresentadas pelo regime diferenciado de contratações públicas e pelo Projeto de Lei 559/ 2013 do Senado Federal. *Revista Direito Ambiental e sociedade*, v. 5, n. 1, 2015 (p. 80-105). Disponível em: <http://www.ucs.br/etc/revistas/index.php/direitoambiental/article/view/3318/2312>. Acesso em: 19 maio 2017.

REISDORFER, Guilherme Fredherico Dias. A contratação integrada no Regime Diferenciado de Contratação (Lei 12.462/2011). *Informativo Justen, Pereira, Oliveira e Talamini*. Curitiba, nº 55, setembro de 2011. Disponível em: <http://www.justen.com.br/pdfs/IE55/IE55-Guilherme.pdf>. Acesso em: 05 jun. 2017.

______. Sugestões para a proposta de lei geral de licitações e contratos públicos do PLS 559/13. *Informativo Justen, Pereira, Oliveira e Talamini*. Curitiba, nº 117, novembro de 2016. Disponível em: <http://www.justen.com.br/pdfs/IE117/IE117-Guilherme-PL559.pdf>. Acesso em: 14 set. 2017.

ROSA, Mariana Aguiar da. *O Procedimento Licitatório para Empresas Estatais*. 2013. Trabalho de Conclusão de Curso (Graduação) – Universidade Federal de Santa Catarina. Disponível em: <https://repositorio.ufsc.br/bitstream/handle/123456789/104357/Monografia_MarianaA.daRosa.pdf?sequence=1>. Acesso em: 19 set. 2017.

SCHWIND, Rafael Wallbach. Remuneração variável e contratos de eficiência no Regime Diferenciado de Contratações Públicas (Lei 12.462/2011). *Informativo Justen, Pereira, Oliveira e Talamini*, Curitiba, nº 56, outubro de 2011.

SILVA, Magno Antônio da. O conceito de eficiência aplicado às licitações públicas: uma análise teórica à luz da economicidade. *Revista do TCU*. Set./Dez. 2008. Disponível em: <http://www.al.sp.gov.br/StaticFile/ilp/efi_com_pub.html>. Acesso em: 09 jun. 2017.

SOUZA, Rosita Camilo de. *Eficiência nas compras públicas federais*: modalidade pregão tipo menor preço. Disponível em: <http://www.egov.ufsc.br/portal/sites/default/files/artigo_rosita_camilo_de_souza_1.pdf>. Acesso em: 09 jun. 2017.

TOSCANO, Fabricio Santos. O princípio do procedimento formal e o formalismo. *Revista Jus Navigandi*, ISSN 1518-4862, Teresina, ano 17, n. 3286, 30 jun. 2012. Disponível em: <https://jus.com.br/artigos/22134>. Acesso em: 10 jul. 2017.

TRANSPARENCY INTERNATIONAL. *Corruption perceptions index 2016*. Disponível em: <http://www.transparency.org/news/feature/corruption_perceptions_index_2016>. Acesso em: 17 maio 2017.

______. *Anti-corruption Glossary*. Disponível em: <http://www.transparency.org/glossary/>. Acesso em: 17 maio 2017.

WAICK, Fernanda Aime Lamp. *O princípio da moralidade administrativa e a lei de improbidade administrativa*. Disponível em: <http://www3.pucrs.br/pucrs/files/uni/poa/direito/graduacao/tcc/tcc2/trabalhos2009_1/fernanda_waick.pdf>. Acesso em: 03 maio 2017.

ZOCKUN, Carolina Zancaner. Princípio da moralidade: algumas considerações. *In*: PIRES, Luis Manuel Fonseca; ZOCKUN, Maurício; ADRI, Renata Porto (Coords.). *Corrupção, ética e moralidade administrativa*. Belo Horizonte: Fórum, 2008. p. 37-45.